Leichen- und Begräbnispolizei
in Bayern

nebst Dienstanweisung für die Leichenschauer

mit Formularen und bezugsgesetzlichen Bestimmungen

herausgegeben von

Lorenz August Grill

Oberregierungsrat der Regierung von Oberbayern, Kammer des Innern.

Dritte umgearbeitete Auflage.

1925

München und **Berlin**

J. Schweitzer Verlag (Arthur Sellier).

Junge & Sohn, Univ.-Buchdruckerei, Erlangen.

Vorwort zur ersten Auflage.

Eine besondere Ausgabe, welche die sämtlichen, gegenwärtig in Bayern geltenden Bestimmungen in bezug auf Leichen- und Begräbnispolizei in zusammenhängender Darstellung enthält, ist zurzeit nicht vorhanden.

Einer an mich ergangenen Anregung entsprechend, habe ich die in der gedachten Richtung dermalen maßgebenden Bestimmungen zusammengestellt, und nebst der Dienstanweisung für die Leichenschauer, den einschlägigen Formularen und bezugsgesetzlichen Normen dem Drucke übergeben.

Vielleicht ist die Zusammenstellung den mit diesem Gegenstande befaßten Behörden, sowie den Leichenschauern und dem großen Kreise des Publikums nicht ganz unerwünscht.

Obernburg, im März 1897. **Grill.**

Vorwort zur zweiten Auflage.

Die gegenwärtige Ausgabe unterscheidet sich von der vorausgehenden dadurch, daß der systematischen Darstellung der Text der oberpolizeilichen Vorschriften über die Leichenschau und die Zeit der Beerdigung, ferner der Wortlaut der beiden MinBek. betreffend die Beförderung von Leichen und das Verfahren und die Zuständigkeit bei Auffindung von Leichen mit Erläuterungen angefügt wurde, um das Büchlein den mit dem Vollzuge der einschlägigen Vorschriften befaßten Behörden nutzbarer zu machen. Möge die neue Auflage dieselbe wohlwollende Aufnahme finden, deren sich die frühere erfreuen durfte.

Mallersdorf, im August 1909. **Grill.**

Vorwort zur dritten Auflage.

Seit dem Erscheinen der zweiten Auflage der gegenwärtigen Schrift sind 16 Jahre dahingegangen. Es war daher ihre durchgreifende Ueberarbeitung geboten, wenn sie die Dienste, die sie bisher der Praxis geleistet hat, auch in der Folge erfüllen soll. Insbesondere mußte die systematische Darstellung durch die nunmehr auch in Bayern zugelassene Feuerbestattung ergänzt werden. Auch die Rechtsprechung wurde am geeigneten Orte berücksichtigt.

Möge die neue Ausgabe ihren Zweck, den mit dem Gesetzvollzuge betrauten Behörden und namentlich den Leichenschauern ein förderlicher Berater zu sein, erfüllen.

München, im August 1925. **Grill.**

Erklärung der Abkürzungen.

a. a. O. = am angeführten Orte.
Abs. = Absatz.
ABl. = Amtsblatt.
Art. = Artikel.
Aut. MinEntschl. = Autographierte Ministerialentschließung.
Bd. = Band.
BGB. = Bürgerliches Gesetzbuch.
EVGH. = Sammlung von Entscheidungen des bayer. Verwaltungsgerichtshofes, herausgegeben unter der Leitung des bayer. Staatsministeriums des Innern.
FinMinABl. = Finanzministerialblatt des Königreichs Bayern, nun des Freistaates Bayern.
GVBl. = Gesetz- und Verordnungsblatt.
JMABl. = Amtsblatt des Staatsministeriums der Justiz.
MinABl. = Amtsblatt des Kgl. Staatsministeriums des Innern bezw. der Kgl. Staatsministerien des Kgl. Hauses und des Aeußern und des Innern, nun Ministerialamtsblatt der bayer. inneren Verwaltung, herausgegeben vom Staatsministerium des Innern.
MBek. = Ministerialbekanntmachung.
MinE. = Ministerialentschließung.
PStGB. = Polizeistrafgesetzbuch.
RBl. = Regierungsblatt.
RGBl. = Reichsgesetzblatt.
RKB. = Bekanntmachung des Reichskanzlers.
Reger E. = Reger, Entscheidungen der Gerichte und Verwaltungsbehörden.
StA. = Bayerischer Staatsanzeiger.
StGB. = Strafgesetzbuch.
StPO. = Strafprozeßordnung.
S. = Seite.
s. = siehe.
v. Schmidt = Die bayerische Kosten- und Stempelgesetzgebung, erläutert von v. Schmidt, Reichsfinanzrat, bayer. Geheimer Rat, 2. Auflage 1922, München, C. H. Beck'sche Verlagsbuchhandlung.
VO. = Verordnung.
Vgl. = Vergleiche.
Weber = Neue Gesetz- und Verordnungen-Sammlung, begründet von Weber, k. Regierungsdirektor a. D., München, C. H. Beck'sche Verlagsbuchhandlung.
ZentrBl. = Zentralblatt für das Deutsche Reich.
Ziff. = Ziffer.

Inhaltsübersicht.

I.

Bestimmungen über Leichen- und Begräbnispolizei.

§ 1. Grundlegende gesetzliche Bestimmungen.

Die grundlegenden gesetzlichen Bestimmungen in bezug auf Leichen- und Begräbnispolizei sind enthalten in dem fünften Abschnitte des Reichsgesetzes über die Beurkundung des Personenstandes und die Eheschließung vom 6. Februar 1875 in der vom 2. Juli 1920 an geltenden Fassung (vgl. RG. vom 11. Juni 1920 — RGBl. 1920 S. 1209 —), welcher von der Beurkundung der Sterbefälle handelt, dann in den Strafbestimmungen des § 168 und § 367 Ziff. 1 und 2 des StGB., endlich in Art. 24, 43, 60—62 und 152 Abs. III des bayerischen PStGB. Grundlegende Bestimmungen.

Der zweite Absatz des Art. 152 des PStGB. (siehe S. 105 ist außer Wirksamkeit getreten, da die Reichsgewerbeordnung[1]) absichtlich von beschränkenden Bestimmungen bezüglich derjenigen Personen abgesehen hat, die aus dem Ankleiden von Leichen und ähnlichen Verrichtungen ein Gewerbe machen. Das Leichenbestattungsgewerbe ist ein freies Gewerbe im Sinne der Gewerbeordnung und sein Betrieb ist von einer obrigkeitlichen Erlaubnis nicht abhängig.[2]) Leichenbestattungsgewerbe.

---

[1]) Vgl. Begründung zum Entwurfe einer Gewerbeordnung für den Norddeutschen Bund vom Jahre 1869 § 34.

[2]) Vgl. Reger, Entscheidungen der Gerichte und Verwaltungsbehörden Bd. 10, S. 327. Ueber das Leichenbestattungsgewerbe s. auch Reger Bd. 14 S. 213: Beschränkung der für das Leichenbestattungsgewerbe bestehenden Gewerbefreiheit durch das kirchengemeindliche Bestattungsrecht. Bd. 19 S. 149: Beschränkung der für die Leichen-

§ 2. Verpflichtung zur Anzeige von Sterbefällen.

Anzeigepflicht.

A. Die Verpflichtung zur Anzeige von Sterbefällen an die Standesbeamten bemißt sich nach §§ 56 mit 58 des PerſStG. vom 6. Februar 1875 in der vom 2. Juli 1920 an geltenden Fassung.

Zeitpunkt der Anzeige.

Hienach ist jeder Sterbefall spätestens am nächstfolgenden Wochentage[1]) dem Standesbeamten[2]) des Bezirks, in welchem der Tod erfolgt ist, anzuzeigen. (§ 56 des PerſG.).

---

bestattung bestehenden Gewerbefreiheit durch das Eigentumsrecht des Friedhofbesitzers (im besonderen Stadtgemeinde). Bd. 13 S. 353: Regelung des Leichenbestattungswesens und Gewerbefreiheit. Bd. 23 S. 189: Leichenträger sind zwar Gewerbetreibende, gehören aber nicht zu jenen Personen, welche ihre Dienste auf öffentlichen Plätzen „anbieten". Nach bayer. Rechte ist die Aufstellung von Leichenträgern kein der „Genehmigung" oder „Untersagung" im Sinne der Gewerbeordnung unterliegender Gewerbebetrieb. Bd. 30 S. 172: Polizeiliches Einschreiten gegen die Unterbringung von Leichen in einem Privathause. Die, wenn auch nur vorübergehende Unterbringung von Leichen in einem offenen, jedermann zugänglichen Geschäftslokal ist mit derjenigen Pietät unvereinbar, die jedermann einem menschlichen Leichnam gegenüber zu beachten hat. Die Wahrung dieser Pietät gehört zu den Aufgaben der Polizei, sofern ihre Verletzung geeignet ist, ein öffentliches Aergernis zu erregen. Auch der Umstand, daß die Leichen bei einer solchen Unterbringung unbefugten Eingriffen oder Verwechselungen ausgesetzt sind, rechtfertigt ein polizeiliches Einschreiten. Bd. 32 S. 193: Privates Leichenbestattungsgewerbe. Unzulässigkeit von Tarifvorschriften für dieses Gewerbe. Zulässigkeit der Vereinbarung von Vertragsstrafen für Tarifüberschreitungen.

[1]) Wochentag ist jeder Tag außer Sonntag, gleichviel, ob Werktag oder Feiertag.

[2]) Standesbeamten: Das Amtszimmer des Standesbeamten soll täglich während einer bestimmten im Amtsbezirke vorher bekannt zu machenden Zeit dem Publikum zugänglich sein. Insbesondere hat der Standesbeamte auch an Sonn- und Feiertagen während einer den örtlichen Verhältnissen angemessenen Zeit im Amtszimmer anwesend zu sein, da es unter allen Umständen notwendig ist, den Beteiligten zur Erledigung dringlicher Geschäfte auch an solchen Tagen Gelegenheit zu geben, und überdies die Anzeige von Todesfällen unter Umständen nur an Sonn- und Feiertagen rechtzeitig erfolgen kann. (Vgl. Ziff. 45 der Vollzugsanweisung zum PerſStG. vom 20. Dezember 1899 — MABl. S. 710.) Durch das RG. vom 14. April 1905 betr. Aenderung des Gesetzes über die Beurkundung des Personenstandes und die Eheschließung (RGBl. 1905 S. 251) ist die Befugnis der Aufsichtsbehörden der Standesbeamten, den Sonntagsdienst der Standesbeamten durch Dienstesvorschriften zu regeln, nicht berührt worden, es wurde vielmehr nur die

Wer ist anzeigepflichtig?

Anzeigepflichtig ist das Familienhaupt, und wenn ein solches nicht vorhanden, oder an der Anzeige behindert ist, derjenige, in dessen Wohnung oder Behausung der Sterbefall sich ereignet hat. (§ 57 a. a. O.). Die Anzeige ist mündlich von dem Verpflichteten selbst oder durch eine andere aus eigener Wissenschaft unterrichtete Person zu machen. (§ 58 Abs. I mit § 19 a. a. O.) Bei Sterbefällen, welche sich in öffentlichen Entbindungs-, Hebammen-, Kranken-, Gefangen-, und ähnlichen Anstalten, sowie in Kasernen ereignen, ist zur Anzeige an die Standesbeamten ausschließlich der Vorsteher der Anstalt bzw. dessen Stellvertreter oder der von der zuständigen Behörde ermächtigte Beamte verpflichtet.

Form der Anzeige.

Anzeigepflicht bei Sterbefällen in öffentl. Anstalten.

In diesen Fällen genügt eine schriftliche Anzeige, welche nach dem in der MinE. vom 13. Dezember 1875 (MABl. Seite 713) vorgeschriebenen Formulare[1]) zu erstatten ist.

Zu den öffentlichen Anstalten im Sinne des Gesetzes gehören nicht nur die Anstalten des Staates, der Kreis-, Bezirks- und bürgerlichen Gemeinden, sondern auch jene der kirchlichen Korporationen und überhaupt alle Anstalten, welche juristische Persönlichkeit besitzen.

Zu den Kasernen gehören auch die Gendarmeriekasernen und die Gendarmerieschulen, nicht aber die einzelnen Stations-

---

gesetzliche Schranke beseitigt, die in der früheren Fassung des § 23 des Personenstandsgesetzes (RGBl. 1875 S. 28) der Einführung der Sonntagsruhe in den Standesämtern auf dem Verwaltungswege bisher entgegenstand.

Die Vorschrift in Ziffer 45 der Anweisung zum Vollzuge des Personenstandsgesetzes — MABl. 1899 S. 710 — besitzt hiernach an sich noch Geltung. Es würde aber der Absicht des erwähnten Reichsgesetzes widerstreiten, wenn auf dem Vollzuge dieser Vorschrift unterschiedslos auch in Zukunft bestanden würde.

Die den Standesbeamten unmittelbar vorgesetzten Aufsichtsbehörden wurden deshalb ermächtigt, die Standesbeamten von der Einhaltung der Vorschrift zu befreien, soweit dies nach dem Ergebnisse der von Fall zu Fall vorzunehmenden Prüfung der örtlichen Verhältnisse, bei der insbesondere die Erfahrungen über den bisherigen Verkehr auf den Standesämtern an Sonn- und Feiertagen zu berücksichtigen sein werden, mit dem Interesse der Bevölkerung, namentlich der ärmeren Schichten vereinbar ist. (AutME. vom 12. Juli 1905 Nr. 14326).

[1]) Formular: siehe S. 61.

lokale der Gendarmerie. (§§ 58 Abs. I und 20 des PersG. mit Ziff. 17 der Vollzugsanweisung hiezu vom 20. Dezember 1899 — MABl. S. 680 und MinE. vom 13. Dezember 1875 — MABl. S. 713).

Das Kriegsministerium hat mit Erlaß vom 7. April 1909 Nr. 206 (VBl. S. 112) folgende Bestimmungen getroffen:

Form der Anzeige bei Sterbefällen von Militärpersonen.

I. Bei Sterbefällen von Militärpersonen hat die Anzeige an das Standesamt in Gemäßheit des § 58 Abs. 2 des Gesetzes über die Beurkundung des Personenstandes und die Eheschließung vom 6. Februar 1875 nach dem in der Bekanntmachung der Staatsministerien der Justiz und des Innern vom 6. Februar 1876 (MABl. S. 529) vorgeschriebenen Formulare[1]) zu erfolgen:

1. im Falle militärgerichtlicher Ermittlung durch das Gericht,
2. in sonstigen Fällen auf Grund der jeweils zu pflegenden amtlichen Ermittlungen
   a) hinsichlich der in einem Militärlazarett Verstorbenen durch den Chefarzt,
   b) hinsichtlich der in einer militärischen Strafanstalt Verstorbenen durch den Vorstand der Strafanstalt,
   c) hinsichtlich der in den Kasernen oder ähnlichen Dienstgebäuden, auf Truppenmärschen, bei Uebungen, in Biwaks oder im Quartier Verstorbenen, sowie hinsichtlich der am Standorte eines Truppenteils in einer Privatwohnung, auf Einzelmarsch, Kommando oder Urlaub verstorbenen Militärpersonen vom Feldwebel abwärts durch den nächsten, mit Disziplinarstrafgewalt versehenen Vorgesetzten des Verstorbenen bzw. den am Sterbeorte befindlichen Garnisonsältesten.

II. Bei solchen Todesfällen, welche nicht unter vorstehende Ziff. I fallen, ist die Anzeige an das Standesamt auf Grund des § 58 Abs. 1 sowie des § 20 obigen Gesetzes

1. wenn sie sich in einem Militärlazarett oder in einer militärischen Strafanstalt ereignen, durch den Chefarzt bzw. Vorstand der Strafanstalt,

---

[1]) Formular: siehe S. 85.

2. wenn sie sich in einer Kaserne ereignen, durch den militärischen Kasernenvorsteher

nach dem in der Bekanntmachung des Staatsministeriums des Innern vom 13. Dezember 1875 (MABl. S 713) vorgeschriebenen Formulare zu erstatten.

III. Als Kasernen im Sinne der hier fraglichen Bestimmungen können die von der Militärverwaltung für Militärpersonen ermieteten Einzelwohnungen in Privatgebäuden nicht gelten. (MinE. vom 5. Mai 1909 — MABl. S. 361 —).

Strafe bei unterlassener Anzeige.

Unterlassene oder nicht rechtzeitig erfolgte, sowie die formwidrig oder unvollständig erstattete Anzeige eines Sterbefalles unterliegt der strafrichterlichen Verfolgung.

Die Strafe besteht in Geldstrafe bis zu 150 *M* oder Haft bis zu 6 Wochen. Außerdem ist der Standesbeamte befugt, die zur Anzeige Verpflichteten hiezu durch Geldstrafen, welche für jeden einzelnen Fall den Betrag von 15 *M* nicht übersteigen dürfen, anzuhalten. (PersG. § 68.)

Totenschauer. Seelnonnen.

B. Totenschauer und Personen, welche aus dem Reinigen und Ankleiden der Leiche ein Gewerbe machen (Seelnonnen), sind verpflichtet, jeden bei Ausübung ihres Berufes ihnen bekannt gewordenen Todesfall, welcher den Verdacht eines gewaltsamen Todes erregt, bei Meidung einer Geldstrafe bis zu 90 *M* der Polizeibehörde anzuzeigen. (PStGB. Art. 43 Abs. I).

Leichenöffnung.

C. Wer, nachdem er bei der Oeffnung einer Leiche die Spuren eines an dem Verstorbenen verübten Verbrechens entdeckt hat, nicht sogleich mit der Oeffnung der Leiche einhält und der Polizeibehörde oder dem Staatsanwalte Anzeige macht, wird an Geld bis zu 150 *M* gestraft. (PStGB. Art. 43 Abs. II).

D. Eine Leichenöffnung darf nicht vor stattgefundener erster Leichenschau und vor Eintritt der Kennzeichen des Todes erfolgen. Zuwiderhandlungen unterliegen einer Geldstrafe bis zu 90 *M* oder einer Haftstrafe bis zu 30 Tagen. (PStGB. Art. 60).

§ 3. Die Leichenschau.

Zweck der Leichenschau.

Zweck der Leichenschau ist, die Verheimlichung von gewaltsamen oder durch strafbare Vernachlässigung oder medizinische Pfuschereien herbeigeführten Todesarten zu hindern, zur Ermittelung ansteckender Krankheiten, sowie zur Herstellung genauer Sterbelisten mitzuwirken und die Beerdigung Scheintoter zu verhüten.

Regelung der Leichenschau.

Die Leichenschau ist durch die auf Grund des § 367 Ziff. 2 des StGB., dann des Art. 2 Ziff. 7 und Art. 61 Abs. 1 Ziff. 3 des PStGB. vom 26. Dezember 1871 erlassenen Oberpolizeilichen Vorschriften über die Leichenschau und die Zeit der Beerdigung vom 20. November 1885 (GVBl. 1885 S. 655 ff.), welche durch die MinBek. vom 6. Dezember 1887 (GVBl. 1887 S. 690), vom 28. März 1907 (GVBl. 1907 S. 227) vom 26. Juni 1918 (GVBl. 1918 S. 349), vom 20. Februar 1920 (GVBl. 1920 S. 51), die VO. vom 13. August 1920 (GVBl. 1920 S. 410) und vom 27. August 1921 (GVBl. 1921 S. 407) abgeändert wurden, geregelt.

Hienach ist jede menschliche Leiche vor der Beerdigung nach Maßgabe der folgenden Bestimmungen der Leichenschau zu unterstellen:

1. Die Leichen neugeborener Kinder unterliegen der Leichenschau nur dann, wenn die Frucht nach zurückgelegtem siebenten Monate der Schwangerschaft von der Mutter getrennt wurde.

Leichenschaubezirke.

2. Zum Zwecke der Vornahme der Leichenschau sind Leichenschaubezirke (siehe unten Ziff. 5) zu bilden und für jeden dieser Bezirke ein Leichenschauer und ein Stellvertreter desselben aufzustellen.

3. Größere Gemeinden können in mehrere Leichenschaubezirke abgeteilt, mehrere kleinere Gemeinden zu einem Bezirke vereinigt werden.

Ausübung der Leichenschau.

4. Die Vornahme der Leichenschau obliegt in öffentlichen Kranken-, Wohltätigkeits- und ähnlichen Anstalten den Anstaltsärzten, in Kasernen und sonstigen militärischen Gebäuden — und zwar bei allen Todesfällen — den zuständigen Militärärzten.

Im übrigen sind zur Leichenschau in erster Reihe Aerzte, dann Chirurgen, Bader, vormalige Sanitätssoldaten und Lazarettgehilfen, endlich, in Ermangelung von solchen Laien zu berufen. Die letzteren sind durch den Bezirksarzt vor ihrer Bestellung entsprechend zu unterweisen und nach Bedürfnis später zeitweise einer Prüfung zu unterziehen.

Die Leichenschau darf nur unbescholtenen Personen übertragen und belassen werden.

5. Die Bildung der Leichenschaubezirke, sowie die Aufstellung der Leichenschauer und ihrer Stellvertreter erfolgt in widerruflicher Weise durch die Bezirkspolizeibehörde im Benehmen mit dem Bezirksarzte. Bildung der Leichenschaubezirke.

Die Leichenschauer und deren Stellvertreter sind, soferne sie nicht infolge ihrer dienstlichen Stellung als Amts- oder Anstaltsärzte bereits verpflichtet sind, durch die Bezirkspolizeibehörde handgelübdlich in Pflicht zu nehmen. Verpflichtung der Leichenschauer.

Die Leichenschaubezirke, sowie die bestellten Leichenschauer und deren Stellvertreter sind öffentlich bekannt zu machen.

6. Die Leichenschau ist in der Regel einmal vorzunehmen.

Eine 2. Leichenschau muß stattfinden, wenn dies nach Lage des Falles zur Erfüllung des Zweckes der Leichenschau (s. S. 5) notwendig ist. Eine 2. Leichenschau kann stattfinden, wenn die Angehörigen es wünschen. Der Leichenschauer hat den Grund der Vornahme der 2. Leichenschau auf dem Leichenschauschein kurz zu vermerken.

7. Die Leichenschau ist nicht vor Ablauf von 8 Stunden und, wenn möglich, innerhalb 24 Stunden nach dem Tode vorzunehmen. Leichen, die von der Wohnung in ein Leichenhaus verbracht werden, sind vor der Ueberführung zu besichtigen. Die Leichenschau darf in diesem Falle auch vor Ablauf von 8 Stunden nach dem Tode vorgenommen werden.

Bei plötzlichen oder verdächtigen Todesfällen, (nicht natürlichem Tod oder Verdacht auf solchen), ferner, wenn es zur Verhütung der Verbreitung einer übertragbaren Krankheit notwendig ist, ist die Leichenschau möglichst zu beschleunigen.

8. Jeder Todesfall ist alsbald, oder, wenn der Tod zur Nachtzeit und nicht gewaltsam erfolgte, spätestens am folgenden Morgen dem Leichenschauer anzuzeigen. Anzeige an den Leichenschauer.

Zur Anzeige verpflichtet ist das Familienhaupt und, wenn ein solches nicht vorhanden oder an der Anzeige Wer ist anzeigepflichtig?

behindert ist, derjenige, in dessen Wohnung oder Behausung der Sterbefall sich ereignet hat.

Bis zur Ankunft des Leichenschauers ist die Leiche in unveränderter Lage, mit unverhülltem Gesicht und frei von beengenden Kleidern zu belassen.

Den von dem Leichenschauer zur Wiederbelebung eines mutmaßlich Scheintoten allenfalls getroffenen Anordnungen ist pünktliche Folge zu leisten.

Leichenschauschein.

9. Ueber die erfolgte Leichenschau hat der Leichenschauer einen Leichenschauschein auszustellen. Die Ausfertigung darf erst dann erfolgen, wenn der Leichenschauer die volle Gewißheit des eingetretenen Todes gewonnen hat.

Anzeige des Leichenschauers bei nicht natürlichem Tode und bei aufgefundenen Leichen.

Sind Anhaltspunkte für die Annahme eines nicht natürlichen Todes vorhanden, so hat der Leichenschauer unverzüglich Anzeige und Befundbericht an die Ortspolizeibehörde zu erstatten. Das gleiche Verfahren ist bezüglich aufgefundener Leichen zu beobachten.

10. Der Leichenschauschein ist vom Leichenschauer dem Anzeigepflichtigen (Ziff. 8 Abs. 2) auszuhändigen, welch letzterer Sorge zu tragen hat, daß der Schein dem die Beerdigung vollziehenden Seelsorger zur Kenntnisnahme vorgelegt und sodann an den Bürgermeister abgegeben wird.

Sammlung der Leichenschauscheine durch den Bürgermeister.

Bei vorhandenen Anhaltspunkten für die Annahme eines nicht natürlichen Todes oder beim Auffinden von Leichen hat der Leichenschauer den Leichenschauschein unmittelbar an den Bürgermeister abzugeben.

Der Bürgermeister hat die Leichenschauscheine zu sammeln und je am Schlusse eines Vierteljahres an den Bezirksarzt abzuliefern.

§ 4. Leichenschaugebühren.

Für die Vornahme der Leichenschau hat der Leichenschauer von denjenigen, welchen die Bestreitung der Beerdigungskosten obliegt, eine Gebühr zu beanspruchen.

Höhe der Gebühren.

Die Höhe dieser Gebühren ist aus § 12 der oberpolizeilichen Vorschriften vom 20. November 1885 in der Fassung der VO. vom 11. Juli 1925 (StA. Nr. 159) (s. S. 44) zu entnehmen. Deren Einhebung ist auf Ersuchen des Leichenschauers durch die Ortspolizeibehörde zu betätigen.

§ 5. Zeit, Ort und Art der Beerdigung.

Ueber Zeit, Ort und Art der Beerdigung können oberpolizeiliche Vorschriften erlassen werden auf Grund des Art. 61 Abs. 1 Ziff. 3 des PStGB. und § 367 Ziff. 2 des StGB., unter welch letztere Bestimmung oberpolizeiliche Vorschriften über vorzeitige Beerdigung fallen.

Zeit der Beerdigung.

Die Zeit der Beerdigung ist durch § 10 der oberpolizeilichen Vorschriften vom 20. November 1885 und die Nachgangsbestimmungen hiezu vom 6. Dezember 1887 geregelt. Dazu kommt die MinBek. vom 5. September 1914 über die Ueberführung von Leichen (GVBl. 1914 S. 598), s. S. 67 Anm. 4.

Hienach dürfen

1. in der Regel Leichen nicht früher als 48 Stunden und nicht später als 72 Stunden nach Eintritt des Todes beerdigt werden.

2. Die Beerdigung vor Ablauf von 48 Stunden kann auf Begutachtung seitens des Leichenschauers durch die Ortspolizeibehörde ausnahmsweise gestattet werden, wenn die Leichenöffnung stattgefunden hat, desgleichen bei eingetretener Fäulnis und wenn die Leiche in Ermangelung eines sonstigen Raumes in einer überfüllten Wohnung aufzubewahren ist.

3. Außerdem kann die Beerdigung jüdischer Leichen schon nach Ablauf von mindestens 24 Stunden auf Begutachtung des Leichenschauers durch die Ortspolizeibehörde gestattet werden, wenn die Beerdigung bei Einhaltung der regelmäßigen Fristen auf einen Sabbath oder einen hohen jüdischen Festtag fiele.

4. Im Leichenschauscheine ist der Grund, warum eine frühere Beerdigung begutachtet wird, zu bemerken.

5. Eine Beerdigung nach Ablauf von 72 Stunden ist nur mit bezirkspolizeilicher Bewilligung zulässig.

6. Unbeschadet dieser Bestimmungen sind die Ortspolizeibehörden ermächtigt, die Beerdigung vor Ablauf von 48 Stunden oder nach Ablauf von 72 Stunden, jedoch

nicht früher als 36 Stunden und nicht später als 84 Stunden nach erfolgtem Tode auf jeweilige Begutachtung des Leichenschauers dann zu gestatten, wenn der Einhaltung der regelmäßigen Beerdigungsfrist nach den besonderen örtlichen Verhältnissen erhebliche Hindernisse entgegenstehen[1]).

7. Die polizeilichen Vorschriften bezüglich der Beerdigung von an einer ansteckenden Krankheit Verstorbenen bleiben unberührt.

Verbot der Beerdigung vor Ausstellung des Leichenschauscheines.

8. Vor erfolgter Ausstellung des Leichenschauscheines — im Falle der Auffindung von Leichen und bei obwaltendem Verdachte eines nicht natürlichen Todes vor Erteilung der Genehmigung der Bezirkspolizeibehörde oder des Anstaltsvorstandes bzw. des Staatsanwalts am Landgerichte oder des zuständigen Richters — darf keine Leiche beerdigt werden.

Keine Beerdigung ohne ortspolizeiliche Genehmigung vor Eintragung im Sterberegister.

9. Gemäß § 60 des Personenstandsgesetzes darf ohne Genehmigung der Ortspolizeibehörde keine Beerdigung vor der Eintragung des Sterbefalles in das Sterberegister, über deren Vollzug der Standesbeamte die vorgeschriebene Bescheinigung auszustellen hat, stattfinden.

In der Pfalz[2]) darf die Beerdigung überdies nur mit schriftlich erteilter Ermächtigung des Standesbeamten erfolgen.

§ 6. Leichenordnungen und Vorschriften über die Beisetzung der Leichen in Leichenhäusern.

Leichenordnungen und Vorschriften über die Beisetzung der Leichen in Leichenhäusern, deren Errichtung sich besonders für größere Gemeinden empfiehlt, sind der ortspolizeilichen Regelung vorbehalten.

---

[1]) Vgl. dazu MinBek. vom 5. September 1914 (GVBl. 1914 S. 598) über die Ueberführung von Leichen, die bei § 8 (S. 16) verwertet ist.

[2]) In der Pfalz: Vgl. Vollzugsanweisung zum Personenstandsgesetze des Oberstaatsanwaltes am Oberlandesgerichte Zweibrücken vom 20. Dezember 1899 (JMABl. 1899 S. 1311).

Mangels ortspolizeilicher Vorschriften können bezirkspolizeiliche Anordnungen[1]) erlassen werden. (PStGB. Art. 61 Abs. I Ziff. 3 und Art. 5). Die Leichenordnungen können, falls nicht oberpolizeiliche Vorschriften über Ort und Art der Beerdigung vorliegen, hierüber Vorschriften erlassen oder die etwa vorhandenen ergänzen, ferner Bestimmungen über die Aufrechthaltung der Ordnung bei Leichenzügen, die Art der Leichenbeförderung durch Leichenwagen oder durch aufgestellte Träger, die Ordnung, Reihenfolge und Numerierung der Gräber, die Aufstellung von Grabdenkmälern, die Bepflanzung der Gräber, die Wiederausgrabung von Leichen, die Bekleidung der Leichen, die Beschaffenheit der Särge, die Eröffnung der Särge auf dem Begräbnisplatze, die Aufstellung von Totengräbern, die Anfertigung von Grabregistern usw. treffen. Leichenordnungen.

Das Verbot der Leichenschmäuse durch Leichenordnungen ist nicht mehr zulässig. Unter Umständen kann hiegegen auf Grund des § 327 des StGB. eingeschritten werden. Ueber Anlage, Tiefe, Ordnung und Oeffnung der Gräber können die Orts- oder Bezirkspolizeibehörden auch besondere Anordnungen für die Totengräber erlassen. (PStGB. Art. 61 Abs. II u. III).

Oeffentliche Schaustellungen von Leichen können durch die Ortspolizeibehörde verboten werden (PStGB. Art. 62)[2]). Ortspolizeiliches Verbot öffentlicher Schaustellungen von Leichen.

Die Beerdigung einer Leiche an einem anderen Orte, als auf einem öffentlichen Kirchhofe oder einer besonders gesetzlich zulässigen oder polizeilich genehmigten Gruft oder Begräbnisstätte ist nur mit Bewilligung der zuständigen Behörde zulässig. (PStGB. Art. 61 Abs. I Ziff. 2, VO. vom 14. Oktober 1862 — RBl. S. 2311, Weber Bd. 6 S. 96.) Grüfte.

---

[1]) Bezirkspolizeiliche Anordnungen: Die Erlassung dieser Anordnungen erfolgt nun durch den Bezirksausschuß (Art. 23 Abs. I Buchst. b des Selbstverwaltungsgesetzes vom 22. Mai 1919 — GVBl. 1919 S. 239).

[2]) Vgl. über Unzulässigkeit der Ausstellung von Cholera-, Pocken-, Fleckfieber- u. Aussatzleichen RG. gegen gemeingefährliche Krankheiten vom 30. Juni 1900 § 21 und Anm. 4 zu § 10 der Oberp. Vorschriften über die Leichenschau S. 41f.

In der Regel soll außerhalb des Kirchhofes niemand beerdigt werden. Ausgenommen von dieser Regel sind die Erzbischöfe und Bischöfe[1]), welche ohne polizeiliche Bewilligung in ihren Kathedralen oder den dazu gehörigen Grüften oder Kreuzgängen bestattet werden dürfen (VO. vom 14. Oktober 1862 § 3); ferner die Religiosen, wenn sie bisher schon Grüfte oder Begräbnisstätten innerhalb der Klostermauern hatten. Die VO. vom 14. Oktober 1862 (§ 3) besagt, daß eine polizeiliche Bewilligung nicht erforderlich ist zur Bestattung von Mitgliedern der sämtlichen im Königreiche befindlichen Mönchs- und Nonnenklöster, dann der Institute der Englischen Fräulein in den bereits vorhandenen Kloster- bzw. Institutsgrüften oder auf den innerhalb der Kloster- oder Institutsmauern hergestellten Begräbnisstätten. Die Errichtung von neuen Grüften innerhalb der Kloster- oder Institutsmauern seitens der Mönchs- und Nonnenklöster, dann der Institute der Englischen Fräulein ist von der Genehmigung des Staatsministeriums des Innern für Kirchen- und Schulangelegenheiten (nun: des Staatsministeriums für Unterricht und Kultus) abhängig. Der gleichen Genehmigung unterliegt die Anlegung neuer Familiengrüfte in Kirchen. (Angeführte VO. § 1). Die Anlegung von Grüften, welche nicht unter den vorerwähnten § 1 der bezeichneten Verordnung fallen, sowie die Herstellung anderweitiger besonderer Begräbnisstätten und die Benützung vorhandener Familiengrüfte in Kirchen darf nur mit Genehmigung der einschlägigen Kreisregierung, Kammer des Innern, erfolgen. (Angeführte VO. § 2)[2]). Diejenigen, welche außerhalb der öffentlichen Friedhöfe gelegene, mit Genehmigung der Kreisregierung angelegte Grüfte oder Begräbnisstätten besitzen, bilden daher die dritte Ausnahmsgruppe von der oben aufgestellten Regel.

Grundsätze für die Anlage von Grüften enthält die ME. vom 8. Juli 1911 Ziff. III — MABl. des Innern 1911 S. 451 —. Hienach ist die Neuanlage von Grüften in oder unter geschlossenen Räumen, die Menschen dauernd

---

[1]) Vgl. dazu ME. vom 3. Oktober 1826 (Weber Bd. 2 S. 352).

[2]) Ueber die Errichtung von Kapellen mit Grüften in Friedhöfen s. ME. vom 7. September 1869 (Weber Bd. 8 S. 277).

oder vorübergehend zum Aufenthalte dienen, nur dann zu gestatten, wenn starkwandige, luftdicht abgeschlossene Metall- oder Steinsärge benützt und die Grüfte selbst mit wasserdichtem Boden und einem über Dach führenden Entlüftungsrohre versehen und völlig dicht eingedeckt werden. Auf offenen Friedhöfen kann auch bei Verwendung durchlässiger Särge jede Gefährdung der Besucher ausgeschlossen werden, wenn die Anlage der Grüfte in einer Weise erfolgt, daß die gasförmigen und flüssigen Zersetzungsstoffe in den Boden abgeleitet werden. Zu diesem Zwecke muß der obere Verschluß der Grüfte ein möglichst dichter sein und müssen die Wände gegen das umgebende Erdreich undicht hergestellt werden. Als undicht sind schon die gewöhnlichen Ziegel- und Backsteinmauern zu betrachten, sofern sie nicht mit Mörtel verputzt werden. In verputzten Mauern und in Beton müssen besondere Luftschlitze angebracht werden, oder es muß die Sohle der Gruft ein geringes Gefälle und von der tiefsten Stolle eine Oeffnung erhalten, durch welche die flüssigen und gasförmigen Stoffe in das umgebende Erdreich austreten können.

§ 7. Verfahren und Zuständigkeit bei nicht natürlichen Todesfällen und bei Auffindung von Leichen.

Das Verfahren und die Zuständigkeit **bei nicht natürlichen Todesfällen** und bei **Auffindung von Leichen** bemißt sich nach § 157[1]) der StPO. und der Bekanntmachung der Staatsministerien der Justiz und des Innern vom 3. Oktober 1879 (ABl. des Staatsministeriums des Innern S. 537). Nach § 157[1]) der StPO. sind die Polizei- und Gemeindebehörden zur sofortigen Anzeige an die Staatsanwaltschaft oder an den Amtsrichter verpflichtet, wenn Anhaltspunkte dafür vorhanden sind, daß jemand eines **nicht natürlichen Todes** gestorben ist, oder, wenn der Leichnam eines **Unbekannten gefunden** wurde, und es darf die **Beerdigung** nur auf Grund einer **schriftlichen Genehmigung** der **Staatsanwaltschaft**, des **Amtsrichters** oder der **Bezirkspolizeibehörde** erfolgen.

Nicht natürliche Todesfälle.

Auffindung von Leichen.

---

[1]) Nun § 159 der Strafprozeßordnung in der vom 1. April 1924 ab geltenden Fassung (RGBl. 1924 Teil I S. 338).

Die MBek. vom 3. Oktober 1879 ist abgedruckt und erläutert auf Seite 78 ff.

Nach § 58 Abs. 2 des Personenstandsgesetzes ist, wenn über einen Todesfall eine amtliche Ermittelung stattfindet, die Eintragung in das Sterberegister auf Grund der schriftlichen Mitteilung der zuständigen Behörde vorzunehmen. Eine amtliche Ermittelung hat stattzufinden, wenn Anhaltspunkte dafür vorliegen, daß jemand eines nicht natürlichen Todes gestorben ist, oder wenn die Leiche eines Unbekannten aufgefunden wird. Zuständig ist je nach Lage des Falles der Staatsanwalt, Amtsrichter, Untersuchungsrichter, oder die Bezirkspolizeibehörde. Wenn der Standesbeamte davon Kenntnis hat, daß eine amtliche Untersuchung über einen Sterbefall stattfindet oder stattfinden muß, so hat er eine Eintragung in das Sterberegister auf Grund mündlicher Anzeige zu unterlassen. Die mit der Ermittelung über einen Todesfall jeweils befaßte Behörde hat die vorgeschriebene Mitteilung an den Standesbeamten unter Benützung des im MABl. des Innern 1876 S. 531 veröffentlichten Formulars (abgedruckt auf S. 85 zu machen[1]).

Ueber die bei der Polizeidirektion München errichtete „Bayerische Nachrichtenstelle für Vermißte und Tote" vgl. Anm. 2 zu Ziff. II der Min. Bek. vom 3. Oktober 1879 betr. das Verfahren und die Zuständigkeit bei Auffindung von Leichen (S. 80.)

§ 8. Bestimmungen über die Beförderung von Leichen.

Beförderung von Leichen.

Ueber die Beförderung von Leichen bestimmt Art. 61 Abs. I Ziff. 1 PStGB., daß zur Verbringung einer Leiche vom Sterbeorte an einen anderen als den ordnungsmäßigen Ort der Beerdigung die Bewilligung der zuständigen Behörde (siehe unten) erforderlich ist und dabei die getroffenen polizeilichen Anordnungen zu beachten sind.

Ordnungsmäßiger Ort der Beerdigung.

Als ordnungsmäßiger Ort der Beerdigung ist derjenige Ort zu erachten, an welchem die Leichen der an dem betreffenden Orte verstorbenen Bekenntnisgenossen des Verstorbenen zu beerdigen sind.

[1]) Vgl. ME. vom 6. Dezember 1876 (MABl. S. 529 ff.).

Auf Grund einer Vereinbarung unter den Bundesregierungen hat das Staatsministerium des Innern unterm 17. Februar 1888 im Hinblicke auf Art. 61 Abs. I Ziff. 1 und 3 des PStGB. angeordnet, daß die Verbringung einer Leiche vom Sterbeorte nach einem anderen als dem ordnungsmäßigen Orte der Beerdigung in der Regel nur auf Grund eines von der Bezirkspolizeibehörde bzw. von dem Bezirksamtsaußensitz des Sterbeortes ausgestellten Leichenpasses erfolgen darf.

Erforderliche Ausweise zur Erlangung von Leichenpässen.

Bei Gesuchen um Erteilung von Leichenpässen sind diesen Behörden folgende Ausweise vorzulegen:

a) ein beglaubigter Auszug aus dem Sterberegister;

b) eine nach Anhörung des behandelnden Arztes und nach Vorlage des vorschriftsmäßigen Leichenschauscheines ausgestellte Bescheinigung des beamteten Arztes über die Todesursache, sowie darüber, daß seiner Ueberzeugung nach der Beförderung der Leiche gesundheitliche Bedenken nicht entgegenstehen;

c) ein ortspolizeilicher Ausweis über die Art der Einsargung der Leiche;

d) wenn Anhaltspunkte dafür vorhanden sind, daß jemand eines nicht natürlichen Todes gestorben ist, oder es sich um die Leiche eines Unbekannten handelt, die seitens des Staatsanwaltes oder des Amtsrichters ausgestellte schriftliche Genehmigung zur Beerdigung;

e) Bestätigung über Verlässigkeit des nach Name und Stand zu bezeichnenden Begleiters der Leiche.

Als Nachweis zu c genügt nicht die bloße Bestätigung, daß die Einsargung nach den Vorschriften der §§ 3—5 der MBek. vom 17. Februar 1888 (S. 66 f.) stattgefunden hat, sondern es muß ausdrücklich bestätigt sein, daß die Leiche entweder in einem hinlänglich widerstandsfähigen Metallsarg durch Verlötung luftdicht eingeschlossen, letzterer von einer hölzernen Umhüllung umgeben und eine Verschiebung des Sarges innerhalb der Umhüllung verhindert ist, oder soferne es sich um einen Transport nicht mittels Eisenbahn und nur auf geringe Entfernung handelt, in einem einfachen Sarge aus hartem oder aus weichem Holze mit gut ausgepichten Fugen verwahrt ist.

Auch ist genau anzugeben, wie den Vorschriften der §§ 4 und 5 der MBek. vom 17. Februar 1888 (S. 68) genügt ist.

Luftdichter Verschluß der Metallsärge.

Zur Erzielung eines luftdichten Verschlusses der im Handel befindlichen Metallsärge genügt das Anziehen der Deckelverschraubung allein nicht, es ist vielmehr auch eine Verlötung des Deckels erforderlich.

Die Bestätigung zu Buchstabe c darf von der Ortspolizeibehörde nur auf Grund vorheriger Augenscheinseinnahme erteilt werden.

Die Einschließung in einen luftdicht verlöteten Metallsarg oder in einen vollständig verschlossenen Holzsarg schließt nach ärztlichem Gutachten die Fortdauer des Lebens aus wie die Beerdigung. Die Rücksicht, aus der bei der Beerdigung eine Mindestfrist nach Eintritt des Todes einzuhalten ist, trifft hiernach auch bei der Einschließung einer Leiche in einen solchen Sarg zu. Die Einschließung zum Zwecke der Ueberführung vom Sterbeorte nach einem anderen als dem ordnungsmäßigen Orte der Beerdigung kann deshalb erst nach Ablauf der Fristen erfolgen, die in § 10 der Oberpolizeilichen Vorschrift vom 20. November 1885 und in der Oberpolizeilichen Vorschrift vom 6. Dezember 1887 (s. S. 41) für die Beerdigung festgesetzt sind, also abgesehen von den Fällen des § 10 Ziff. 1 Abs. II, III, VI (s. S. 41) nicht vor 48 Stunden und mit Genehmigung der Ortspolizeibehörde nicht vor 36 Stunden nach dem Tode. Die Ortspolizeibehörden sind jedoch ermächtigt, auch in anderen Fällen als in denen des § 10 Ziff. 1 Abs. II, III, VI (s. S. 41) die Einsargung schon nach Ablauf von 24 Stunden nach dem Tode zu genehmigen, wenn nach Vornahme der ersten allgemeinen Leichenschau[1]) der Tod von einem Amtsarzt oder einem öffentlich angestellten Arzte einer öffentlichen Heil- und Pflegeanstalt, Krankenanstalt, Wohltätigkeitsanstalt, Strafanstalt oder ähnlichen Anstalt oder bei Todesfällen in militärischen Gebäuden von dem zuständigen Militärarzt auf Grund persönlicher Besichtigung der Leiche festgestellt und eine Bestätigung hierüber vorgewiesen worden ist. Diese Bestätigung ersetzt die zweite Leichenschau[1]), soweit eine solche am Sterbeorte stattzufinden hat; die Vorlage der Bestätigung ersetzt zugleich die nach § 2 Abs. I b der MinBek. über die Beförderung von Leichen vom 17. Februar 1888 vorgeschriebene Vorlage des Leichenschauscheines[2]).

Ueber die Verbringung von Leichen vom Sterbeorte an den außerhalb desselben befindlichen ordnungsmäßigen Begräbnisplatz, wobei insbesondere die oft weit entfernten israelitischen Begräbnisplätze in Betracht kommen, sind oberpolizeiliche Vorschriften zulässig. (PStGB. Art. 61 Abs. I Ziff. 3).

§ 9. Bestimmungen über die Beförderung von Leichen auf Eisenbahnen.

Die Bestimmungen über die Beförderung von Leichen auf Eisenbahnen sind in der Eisenbahnverkehrsordnung vom 23. Dezember 1908 Abschnitt VI §§ 44 mit 47a enthalten. Sie ist veröffentlicht im Reichsgesetzblatt 1909 S. 93 ff. sowie im Gesetz- und Verordnungsblatt 1909 S. 29 ff. und ist am 1. April 1909 in Kraft getreten.

Die Eisenbahnverkehrsordnung nebst allgemeinen Ausführungsbestimmungen ist enthalten im „Deutscher Eisenbahn-Personen- und Gepäcktarif, Teil I“, letzte Ausgabe vom 15. April 1924 mit bisher 6 Nachträgen. (Berlin 1924, W. Büxenstein, Berlin S.W. 48). Sie enthält Vorschriften über die Auflieferung, Beförderung und Auslieferung von Leichen. Sie gilt auf allen dem öffentlichen Verkehr dienenden Haupt- und Nebeneisenbahnen Deutschlands. Für den internationalen Verkehr gilt sie nur soweit, als er nicht durch besondere Bestimmungen geregelt ist.

Leichen werden nach dem Ermessen der Eisenbahn mit dem Personenverkehr oder dem Güterverkehr dienenden Zügen befördert; die Benutzung von Schnellzügen kann versagt werden. Auflieferung.

---

[1]) Vgl. § 6 der Oberpolizeilichen Vorschriften über die Leichenschau und die Zeit der Beerdigung vom 20. November 1885 in der Fassung der MinBek. vom 13. August 1920 (S. 38).

[2]) Siehe MinBek. vom 5. September 1914 über die Ueberführung von Leichen (GVBl. 1914 S. 598).

Leichensendungen müssen auf der Anfangsstation des Zuges mindestens 6 Stunden, auf anderen Stationen mindestens 12 Stunden vor der Abfahrtszeit angemeldet werden.

Jede Leiche muß in einem widerstandsfähigen Metallbehälter luftdicht verschlossen und dieser in einen hölzernen Behälter so fest eingesetzt sein, daß er sich darin nicht verschieben kann.

Leichenpaß. Bei der Aufgabe ist der Eisenbahn ein Leichenpaß nach dem auf Seite 76 abgedruckten Muster zu übergeben, der bei Auslieferung der Leiche dem Empfänger ausgefolgt wird. Bei Leichensendungen aus ausländischen Staaten, mit denen eine Vereinbarung wegen gegenseitiger Anerkennung der Leichenpässe abgeschlossen ist, genügt ein Leichenpaß der zuständigen ausländischen Behörde. Der Leichenpaß gilt für den ganzen Beförderungsweg.

Leichen sind mit Eilfrachtbrief aufzuliefern.

Das Verladen hat der Absender zu besorgen. Leichensendungen dürfen nicht mit Nachnahme belastet werden. Die Fracht ist bei der Aufgabe zu entrichten. Wer Leichen unter unrichtiger Bezeichnung aufliefert, hat den Frachtunterschied von der Aufgabe- bis zur Bestimmungsstation nachzuzahlen und das Vierfache der Gesamtfracht als Frachtzuschlag zu entrichten[1]).

Die Abfertigung der mit Eilfrachtbrief aufgelieferten Leichen erfolgt je nach Anweisung der Verwaltung bei der Gepäck- oder Eilgutabfertigung der Abgangsstation. Von dieser Stelle wird auch die Wagenbestellung angenommen.

Die Eilfrachtbriefe unbegleiteter Leichen sind mit der vollen Aufschrift des Empfängers zu versehen, damit dieser von dem Eintreffen der Sendung ohne Verzug benachrichtigt werden kann.

Bei der Auflieferung von Leichen nach Orten mit mehreren Bahnhöfen ist im Eilfrachtbrief der Bahnhof zu bezeichnen, nach welchem die Sendung befördert werden soll.

Leichen dürfen nicht bahnlagernd gestellt werden und werden zur Verwahrung nicht angenommen.

Wird die Beförderung einer Leiche mit einem Eil- oder Schnellzuge gewünscht, so hat der Absender oder unterwegs

[1]) § 44 EVO.

der Begleiter den Antrag in den Eilfrachtbrief unter „zulässige oder vorgeschriebene Erklärungen" aufzunehmen und unterschriftlich zu vollziehen.

Für Angabe des Interesses an der Lieferung wird eine besondere Gebühr erhoben.

Inwieweit die Abfertigung von Leichen nach und von einzelnen Stationen ausgeschlossen oder beschränkt ist, ist bei der Gepäckabfertigung, wenn aber die Abfertigung bei der Eilgutabfertigung erfolgt, bei dieser zu erfahren.

Für jede Leiche, auch wenn mehrere mit einem Frachtbrief aufgegeben und in einem Wagen verladen werden, wird an Fracht für das Tarifkilometer erhoben:

bei Beförderung mit Personen- oder Güterzügen	0,50	Reichsmark
bei Beförderung mit Eil- oder Schnellzügen	0,75	"
in beiden Fällen unter Zuschlag einer Abfertigungsgebühr von . . .	7,50	"

für die Leiche.

Wird eine Leiche teils mit Güter- oder Personenzügen, teils mit Eil- oder Schnellzügen befördert, so werden der für die Gesamtentfernung zum Güter- oder Personenzugssatze berechneten Fracht 0,25 Reichsmark für jedes Tarifkilometer der Eil- oder Schnellzugstrecke hinzugerechnet [1])."

Die Bestimmungen der EVO. gelten für die mit Frachtbriefen abgefertigten Leichen auch in folgenden Fällen:

a) wenn sie durch das Gebiet eines fremden, am Internationalen Uebereinkommen über den Eisenbahnfrachtverkehr vom 14. Oktober 1890 beteiligten Staates befördert werden, ihre Versand- und Bestimmungsstation im Gebiete des Deutschen Reichs liegen und die fremde Linie von einer deutschen Eisenbahnverwaltung betrieben wird;

b) wenn sie von einer auf deutschem Gebiete gelegenen Station nach dem Grenzbahnhof eines am Internationalen Uebereinkommen über den Eisenbahnfrachtverkehr vom 14. Oktober 1890 beteiligten Nachbarstaats, wo die Zollbehandlung erfolgt, oder nach einer

[1]) Ausführungsbestimmungen zu § 44 EVO.

Station befördert werden, die zwischen diesem Bahnhof und der Grenze liegt, es sei denn, daß der Absender die Anwendung des Internationalen Uebereinkommens über den Eisenbahnfrachtverkehr durch Aufgabe mit einem internationalen Frachtbriefe verlangt. Das gleiche gilt für Sendungen in umgekehrter Richtung [1]).

Beförderung. Leichen sind in bedeckten Wagen zu befördern. Die Beiladung von Gütern, die nicht zur Leiche gehören, ist verboten. Mehrere Leichen, die gleichzeitig von derselben Versandstation nach derselben Bestimmungsstation aufgegeben werden, können zusammen in einen Wagen verladen werden. Leichen, die in rings umschlossenen Leichenfuhrwerken aufgeliefert werden, dürfen in offenen Wagen befördert werden.

Jeder Sendung ist ein Begleiter beizugeben, der eine Fahrkarte zu lösen und denselben Zug zu benutzen hat. Begleitung ist nicht erforderlich, wenn der Bestimmungsort eine Eisenbahnstation ist und der Absender bei der Aufgabestation die schriftliche oder telegraphische Erklärung des Empfängers hinterlegt, daß er die Sendung sofort nach Empfang der Nachricht von ihrem Eintreffen abholen lassen werde. Bei Sendungen an Beerdigungs- und an Leichenverbrennungsanstalten ist diese Erklärung nicht erforderlich.

Leichen dürfen unterwegs nicht ohne Not umgeladen werden. Sie sind möglichst schnell und ohne Unterbrechung zu befördern. Läßt sich auf einer Station ein längerer Aufenthalt nicht vermeiden, so ist der Wagen mit der Leiche tunlichst auf ein abseits liegendes Gleis zu stellen. Wird die Beförderung einer unbegleiteten Leiche mit den in Aussicht genommenen Zügen unmöglich, so hat die Station, wo das Hindernis eintritt, dem Empfänger kostenfrei telegraphisch mitzuteilen, mit welchem Zuge die Beförderung erfolgt. Begleiter von Leichen haben, wenn sie in den Wagen Platz nehmen, in welchen die Leichen verladen sind, Fahrkarten der im Zuge befindlichen niedrigsten Wagen-

---

[1]) Vgl. Deutscher Eisenbahn-Personen- und Gepäcktarif Teil I Ausführungsbestimmungen zu § 1 der EVO.

klasse, sonst Fahrkarten der zu benützenden Wagenklasse zu lösen [1]).

Die Ankunft einer unbegleiteten Leiche am Bestimmungsort ist dem Empfänger auf seine Kosten ohne Verzug durch Telegramm, Fernsprecher oder besonderen Boten mitzuteilen.

Die Auslieferung von Leichen auf der Bestimmungsstation kann verlangt werden, sobald nach Ankunft des Zuges, zu dem sie aufgegeben waren, die zur Bereitstellung erforderliche Zeit abgelaufen ist. Auslieferung

Ueber die Empfangnahme der Leiche hat der Empfänger eine Bescheinigung auszustellen.

Der Empfänger hat innerhalb 6 Stunden nach Ankunft des Zuges auf der Bestimmungsstation die Sendung auszuladen und abzuholen. Geschieht dies nicht, so kann die Leiche der Ortspolizeibehörde überwiesen werden. Kommt die Leiche nach 6 Uhr abends an, so wird die Frist vom nächsten Morgen 8 Uhr ab gerechnet. Bei Ueberschreitung der Abholungsfrist ist die Eisenbahn berechtigt, das tarifmäßige Wagenstandgeld zu erheben [2]).

Für die Beförderung von Leichen nach dem Bestattungsplatze des Aufgabeorts kann die Eisenbahn mit Genehmigung der Landesaufsichtsbehörde abweichende Bestimmungen erlassen. Bei Leichen, die von Polizeibehörden, Strafanstalten, Krankenhäusern oder dergleichen an öffentliche höhere Lehranstalten gesandt oder von diesen weiterversandt werden, ist Begleitung nicht erforderlich. Sie dürfen in dicht verschlossenen Kisten aufgeliefert und in offenen Wagen befördert werden. Güter von fester Beschaffenheit (Holz, Metall oder dergleichen) oder in fester Verpackung (Kisten, Fässern oder dergleichen) dürfen beigeladen werden, es ist aber Fürsorge zu treffen, daß die Leichenkisten nicht beschädigt werden. Von der Beiladung sind ausgeschlossen: Nahrungs- und Genußmittel sowie deren Rohstoffe, ferner die in der Anlage C [3]) der Eisenbahnverkehrsordnung aufgeführten Gegenstände. Von der Beibringung eines Leichenpasses kann mit Genehmigung der Landesaufsichtsbehörde abgesehen werden.

---

[1]) § 45 EVO. mit Ausführungsbestimmung.
[2]) § 46 EVO.
[3]) RGBl. 1909 S. 151.

Solche Leichen sind auf Frachtbrief abzufertigen[1]).

Im übrigen gelten für die Beförderung von Leichen sinngemäß die Vorschriften für die Beförderung von Gütern (Abschnitt VIII E.V.O.)[2]).

§ 10. Begräbnisplätze.

Errichtung und Unterhaltung von Begräbnisplätzen.

Errichtung und Unterhaltung von Begräbnisplätzen obliegen den bürgerlichen Gemeinden. Das Gleiche gilt für Errichtung und Unterhaltung von Bestattungsanstalten. Die bürgerlichen Gemeinden sind zur Errichtung von Begräbnisplätzen und Bestattungsanstalten nur soweit verpflichtet, als die vorhandenen Begräbnisplätze und Bestattungsanstalten nicht ausreichen. Im übrigen bestimmen sich Errichtung und Unterhaltung nach dem öffentlichen Bedürfnis. (§ 19 Abs. I und II der Verfassungsurkunde des Freistaates Bayern vom 14. August 1919 — G.V.Bl. 1919 S. 535 —).

Um die Kirche liegende Kirchhöfe.

Kirchhöfe, welche um die Kirche liegen und als solche eine Zubehör der Kirche bilden, stehen in der Regel im Eigentum einer Kirchenstiftung.

Für die bauliche Unterhaltung dieser Kirchhöfe finden die gleichen Grundsätze der Baulast Anwendung, die von den Kirchen gelten, zu denen sie gehören. (Vgl. Art. 112 Abs. III der Kirchengemeindeordnung vom 24. September 1912 — G.V.Bl. S. 911). Die Unterhaltung der bestehenden kirchlichen Friedhöfe und der dazu gehörigen Bauwerke (Kirchhofmauer, Leichenhaus) ist von der Kirchengemeindeordnung als Ortskirchenbedürfnis erklärt worden (Art. 12 Abs. I Ziff. 1 und Abs. II der Kirchengemeindeordnung, Art. 17 Abs. II Ziff. 1 der Satzung für die kirchlichen Steuerverbandsvertretungen in den bayerischen Diözesen vom 4. November 1924).

Ergibt sich die Notwendigkeit der Erweiterung eines kirchlichen Friedhofes, oder ist die Neuanlage eines Kirchhofes erfordert, so hat hiefür die bürgerliche Gemeinde aufzukommen.

---

[1]) § 47 EVO.

[2]) § 47a EVO. und Deutscher Eisenbahn-Personen- u. Gepäcktarif Teil I S. 45 ff.

Ein kirchlicher Friedhof behält diese Eigenschaft bei, solange er nicht von der bürgerlichen Gemeinde als gemeindliche Anstalt übernommen worden ist. Die Uebernahme eines kirchlichen Friedhofes auf die Gemeinde erfordert in der Regel auf Vereinbarung beruhende rechtswirksame Beschlüsse der beteiligten Kirchenverwaltungen und der Gemeindevertretung. (EVGH. Bd. 24 S. 295 ff.)

Zuweilen werden die Friedhöfe durch einen kirchlichen Verband angelegt in der Art, daß mehrere bürgerliche Gemeinden oder Bestandteile solcher einen gemeinschaftlichen Begräbnisplatz besitzen, welchen sie auch zu unterhalten haben. Einen solchen Verband bezeichnet man mit der Benennung Sepulturgemeinde. Sepulturgemeinde.

Da diese kirchlichen Verbände zumeist Ausfluß des Kirchengemeindeverbandes sind, so sind für die Erhaltung solcher Begräbnisplätze die Bestimmungen über die Verpflichtungen der Kirchengemeinden maßgebend.

Den Sepulturgemeinden mangelt die Eigenschaft einer öffentlich-rechtlichen Korporation. Es kann daher ein Friedhof nicht im Eigentum einer Sepulturgemeinde, sondern nur im Eigentum der beteiligten Gemeinden stehen.

Die Benützung des Friedhofes unterliegt, soweit nicht die gesetzlich zulässigen polizeilichen Anordnungen Schranken setzen, der Regelung des Eigentümers. Benützung des Friedhofes.

Insoweit daher die Begräbnisplätze im Eigentum von Kirchenstiftungen stehen, oder durch kirchliche Verbände angelegt sind, haben die Verwaltungen dieser Stiftungen, bzw. die Vertretung dieser Verbände (Kirchenverwaltungen) Bestimmungen hierüber zu treffen.

Soweit sie aber nicht durch kirchliche Verbände angelegt sind, sondern im Eigentum einer bürgerlichen Gemeinde stehen, kommt die Regelung der Benützung der betreffenden Gemeindeverwaltung als Vertreterin der Gemeinde zu.

In Friedhöfen, die nur für einzelne Religionsgesellschaften bestimmt sind, ist mangels eines gemeinschaftlichen Begräbnisplatzes die Beisetzung Andersgläubiger unter den für sie üblichen Formen und ohne räumliche Absonderung, erforderlichenfalls nach Anordnung der zuständigen Behörde zu gestatten. Im übrigen bemißt sich der Simultangebrauch der Friedhöfe nach bisherigem Rechte, soweit nicht Abänderungen Simultangebrauch durch Gesetz getroffen werden (§ 19 Abs. III u. IV der Verfassungsurkunde des Freistaates Bayern vom 14. August 1919 — GVBl. S. 536 —)

Als bisheriges Recht, das den Simultangebrauch der Kirchhöfe regelt, kommt § 100 der II. Beilage der Verfassungsurkunde des Königreichs Bayern vom 26. Mai 1918 in Betracht. Diese verfassungsgesetzliche Vorschrift erklärt einen im Orte befindlichen einzigen Friedhof dann als gemeinschaftlichen Begräbnisplatz für sämtliche Einwohner des Ortes, wenn ein Religionsteil keinen eigenen Kirchhof besitzt oder bei der Teilung des gemeinschaftlichen Kirchenvermögens einen solchen für sich nicht anlegt. Unter „Religionsteil" ist nicht einzig und allein eine förmlich gebildete Kirchengemeinde, sondern auch eine bloße Mehr- oder Minderzahl von Bekenntnisgenossen ohne eigenen örtlichen Verband zu verstehen. Als Begräbnisplatz des Ortes im Sinne der angeführten gesetzlichen Bestimmung ist jene Begräbnisstätte zu erachten, woselbst die Mitglieder desjenigen kirchlichen Verbandes beerdigt zu werden pflegen, welchem der Friedhof gehört. Die Berechtigung eines Religionsteiles zu einem solchen Kirchhofe des anderen Religionsteiles wird dadurch nicht ausgeschlossen, daß ersterer Religionsteil einer auswärtigen Gemeinde seines Bekenntnisses zugeteilt ist, welche eine eigene Begräbnisstätte besitzt. (Vgl. EVGH. Bd. 9 S. 428 ff.)

Streitigkeiten über Friedhofbenützung.

Streitigkeiten über die Benützung von kirchlichen Friedhöfen fallen unter Art. 10 Ziff. 13, Streitigkeiten über die Benützung von gemeindlichen Friedhöfen unter Art. 8 Ziff. 31 und Streitigkeiten über interkonfessionelle Friedhofbenützung unter Art. 10 Ziff. 11 des Verwaltungsgerichtsgesetzes.

Aufsicht auf die Begräbnisstätten.

Die oberste Aufsicht auf die Begräbnisstätten und die Sorge für deren zweckmäßige Anlegung und notwendige Erweiterung oder Verlegung kommt den Kreisregierungen, Kammern des Innern, zu, welche die Erweiterung oder Schließung und Verlegung eines Friedhofes, wenn eine solche Maßregel aus gesundheitspolizeilichen Gründen geboten zu sein scheint, bei den betreffenden Unterbehörden anregen und ihnen für die weitere Behandlung Weisungen erteilen können. Diese Behörden, welchen die unmittelbare Aufsicht auf die Begräbnisorte zusteht, haben, wenn die Notwendigkeit einer Erweiterung oder die Schließung und Verlegung eines Friedhofes von den Beteiligten bestritten wird, und sohin über diese Frage eine Entscheidung zu erlassen ist, hierüber im ersten Rechtszuge Beschluß zu fassen. (Formationsverordnung vom 27. Dezember 1825 § 53 Abs. II, MinE. vom 10. August 1848, MinE. vom 4. Dezember 1877 — MABl. S. 382).

Die Besudelung der Friedhöfe und die Uebertretung der zu ihrer Sicherstellung erlassenen ober-, bezirks- und ortspolizeilichen Vorschriften und Anordnungen werden nach Art. 95 (siehe S. 105) PStGB. geahndet.

Zur Beurteilung der bei Anlage von Friedhöfen in Betracht kommenden gesundheitlichen Fragen hat das Staatsministerium des Innern mit Entschließung vom 8. Juli 1911 (MABl. S. 447) allgemeine Grundsätze aufgestellt, die sich auch mit der Errichtung von Leichenhäusern und Grüften befassen. (Vgl. S. 12 f.). Gesundheitliche Fragen.

Im Herbst 1921 hat der Bayer. Landesverein für Heimatschutz Richtlinien über die Erhaltung alter und die Anlage neuer Friedhöfe auf dem Lande herausgegeben und den Bezirks-, Landbau- und Pfarrämtern übermittelt.

Diese Richtlinien sehen für die einzelnen Friedhofgemeinden einen Grabmalausschuß vor, der über die Genehmigung der in den Friedhöfen aufzustellenden Grabdenkmäler entscheiden soll. Das Recht zur Genehmigung der in einem Friedhof zuzulassenden Grabdenkmäler ist in der Regel ein Ausfluß des Eigentums am Friedhof. Je nachdem der Friedhof im Eigentum der Kirchenstiftung, der Kirchengemeinde, der Gemeinde oder in deren gemeinschaftlichem Eigentum oder im Eigentum anderer Rechtspersönlichkeiten steht, wird sich die Kirchenverwaltung, der Gemeinderat oder die sonst berufene Rechtspersönlichkeit bezw. ihre Vertretung dieses Recht durch eine Friedhofordnung ausdrücklich vorzubehalten haben. Wo eine derartige Friedhofordnung noch nicht besteht, wäre daher auf den Erlaß einer solchen hinzuwirken. Die zur Wahrung dieses Rechts berufene Vertretung wird zweckmäßig in erster Linie neben sonst geeigneten Persönlichkeiten den Ortsgeistlichen und den Bürgermeister in sich vereinigen und damit den örtlichen Grabausschuß bilden. Richtlinien über Erhaltung und Anlage von Friedhöfen. Grabdenkmäler.

Zur Beurteilung einzelner Grabdenkmäler wie ganzer Friedhofanlagen in geschmacklicher Hinsicht stehen die Landbauämter und der Bayer. Verein für Heimatschutz gerne zur Verfügung. Der Bayer. Verein für Heimatschutz hat in den Richtlinien vorgeschlagen, den Grabmalausschuß aus dem Ortspfarrer, dem Bürgermeister und einem Vertreter des zuständigen Landbauamtes zu bilden. Die Erfahrung hat inzwischen aber gelehrt, daß es nicht möglich ist, für jede Friedhofgemeinde einen Vertreter des zuständigen Landbauamtes beizuziehen, weil dies eine übermäßige Inanspruchnahme der Landbauämter zur Folge hätte. Die Mitwirkung der Landbauämter in dieser wichtigen Angelegenheit ist jedoch nicht zu entraten. Um sie für alle Fälle sicherzustellen, empfiehlt es sich daher, örtliche Grabmalausschüsse zwar für jeden Friedhofbezirk (Beiziehung des Ortspfarrers und des Bürgermeisters) zu bestellen, im übrigen aber die Mithilfe und Beteiligung des Landbauamtes nur für den Bezirk einer Bezirksverwaltungsbehörde in Anspruch zu nehmen und zu diesem Zweck in jedem Verwaltungsbezirk einen Bezirksausschuß für Friedhofangelegenheiten ins Leben zu rufen, zu dem außer einem Vertreter des Bezirksamtes und der Geistlichkeit auch ein Vertreter des zuständigen Landbauamtes zuzuziehen ist. Diesem Bezirksausschuß wären von den örtlichen Grabmalausschüssen lediglich die wichtigeren Fälle, dann aber auch die Neuanlagen ganzer Friedhöfe zur Würdigung zu unterbreiten. Im Benehmen mit den Landbauämtern sind im Bedarfsfalle solche Bezirksausschüsse für Friedhofangelegenheiten ins Leben zu rufen, für sie eine einfache Geschäftsordnung aufzustellen und die Gemeinden, Kirchenverwaltungen u.s.w. (die örtlichen Grabmalausschüsse) darauf hinzuweisen, daß und in welchen Fällen sie sich der beratenden Mitwirkung des Bezirksausschusses zu bedienen haben. (Entschließung des Staatsministeriums des Innern vom 13.5.23 Nr. 2515 h 317 — Bayer. Staatsanzeiger 1923 Nr. 110 —).

§ 11. Feuerbestattung in Bayern.

Bereits im Jahre 1877 wurde dem Stadtmagistrat München eine mit zahlreichen Unterschriften versehene Eingabe unterbreitet dahin gehend, es wolle der Einführung der fakultativen Feuerbestattung nähergetreten und die Frage in Vorbehandlung genommen werden. Der Stadtmagistrat beschloß hierauf einzugehen. Er erholte ein Gutachten des Gesundheitsrates München, der sich am 28. Oktober 1878 dem eingehenden Gutachten des damaligen Kreismedizinalrates Dr. Kerschensteiner in München angeschlossen und ausgesprochen hat, daß die Leichenverbrennung nach großen Schlachten, bei gewissen von der zuständigen Behörde zu bestimmenden Fällen von seuchenhaften Erkrankungen, zur Verhütung des Leichentransportes und bei durchaus ungeeigneter Beschaffenheit des Bodens für Beerdigungszwecke nicht bloß zu gestatten, sondern zu empfehlen sei, daß für München vom Standpunkte der öffentlichen Gesundheitspflege aus zwar kein Bedürfnis vorliege, die Leichenverbrennung einzuführen, daß aber auch kein Grund bestehe, sie nach Prüfung der in jedem Einzelfalle vorliegenden Verhältnisse unter bestimmten Vorbehalten nicht zu gestatten.

Die Angelegenheit blieb sodann mangels weiterer Anregung und mit Rücksicht auf die der Leichenverbrennung nicht günstige Stimmung der damaligen Mehrheit der städtischen Kollegien beruhen und wurde dem Magistrate gegenüber erst im Jahre 1892 durch Eingaben der in München bestehenden Vereine für Leichenverbrennung und Feuerbestattung angeregt. Im Verfolge dieser Eingaben hat der Stadtmagistrat München im April 1892 den Antrag auf Zulassung der fakultativen Feuerbestattung in Bayern bei der Regierung von Oberbayern, Kammer des Innern, eingebracht und sie um befürwortende Vorlage des Antrages an die Staatsregierung gebeten.

Die bayerischen Staatsministerien der Justiz und des Innern haben in einer gemeinsamen im Einverständnisse mit dem Staatsministerium des Innern für Kirchen- und Schulangelegenheiten an die Regierung von Oberbayern, Kammer des Innern, ergangenen Entschließung vom 23. Juli 1894 Nr. 129 ausgesprochen, daß die Feuerbestattung nicht ohne gewisse polizeiliche Anordnungen und Vorschriften zugelassen und durchgeführt werden könne und ohne Zweifel solche Vorschriften dem Zwecke nur dann dienen können, wenn die Zuwiderhandlungen dagegen unter Strafe gestellt sind. Als gesetzliche Unterlage hiefür würde nur der Art. 61 Abs. 1 Ziff. 3 des Polizeistrafgesetzbuches vom 26. Dezember 1871 in Betracht kommen. Da aber in diesen Bestimmungen nur von „Beerdigung“ und „Begräbnisplatz“ die Rede sei und der Gesetzgeber hiebei an eine „Feuerbestattung“ nicht wohl gedacht haben könne, so biete jener Artikel in seiner Fassung eine sichere Grundlage für etwa zu erlassende Polizeivorschriften zur Feuerbestattung nicht und es sei zu befürchten, daß solche Vorschriften von den Gerichten nicht als zurechtbestehend anerkannt würden. Eine Zulassung der Feuerbestattung erscheine hienach in Bayern ohne Ergänzung der einschlägigen Gesetzgebung nicht möglich. Ob aber zu einem gesetzgeberischen Vorgehen in der Sache gegenwärtig ein zureichendes Bedürfnis in Bayern bestehe, müsse bezweifelt und deshalb Bedenken getragen werden, behufs Einführung der Feuerbestattung zur Zeit den Weg der Gesetzgebung zu beschreiten.

Am 23. Februar 1905 hat das Kollegium der Gemeindebevollmächtigten der Stadt München an den Magistrat den Antrag gestellt, er möge die Regierung um die Genehmigung zum Betriebe eines auf einem der städtischen Friedhöfe zu errichtenden Krematoriums ersuchen und sich zugleich bereiterklären, diesen Betrieb unter Bedingungen, wie sie die württembergische Regierung den Gemeindeverwaltungen von Stuttgart, Heilbronn und Ulm auferlegt hat, zu übernehmen. Nach durchgeführter Vorbehandlung dieses Antrages hat auch der Stadtmagistrat München am 3. Januar 1907 beschlossen, das Staatsministerium des Innern zu bitten, die fakultative Feuerbestattung auch in Bayern für zulässig zu erklären, wobei sich die Stadtgemeinde München bereiterklärte, das Krematorium ausschließlich selbst und zwar als Gemeindeanstalt zu betreiben. Im Einverständnisse mit den Staatsministerien der Justiz und des Innern für Kirchen- und Schulangelegenheiten hat das Staatsministerium des Innern mit Entschließung vom 20. September 1907 Nr. 19854 der Regierung von Oberbayern, Kammer des Innern, Folgendes eröffnet:

Durch gemeindliche Satzungen über die Benützung von Feuerbestattungsanstalten kann die Wahrung der bei der Feuerbestattung in Betracht kommenden strafrechtlichen und gesundheitspolizeilichen Rücksichten nicht in ausreichender Weise sichergestellt werden; es kann hiernach auch bei gemeindlichen Feuerbestattungsanlagen eine polizeiliche Regelung nicht entbehrt werden. Da eine gesetzliche Grundlage für eine solche Regelung in Bayern fehlt, kann den Bestrebungen auf Zulassung gemeindlicher Feuerbestattungsanlagen nicht näher getreten werden.

Diese Rechtsauffassung wurde von der bayerischen Staatsregierung erst geändert, als sich der bayerische Verwaltungsgerichtshof mit der Frage zu befassen hatte, ob der gemeindliche Betrieb einer Feuerbestattungsanstalt in Bayern überhaupt rechtlich zulässig sei. Anlaß hierzu gaben die beiden folgenden Fälle: 1. Die Stadtgemeinde Nürnberg hatte im Kämmereivoranschlage für das Jahr 1911 aus laufenden Mitteln zur Errichtung einer Leichenverbrennungsanlage (Einäscherungsstätte) im städtischen Westfriedhofe den Betrag von 32000 ℳ vorgesehen. Dies wurde von der Regierung von Mittelfranken, Kammer des Innern, im Hinblick auf Art. 88 Abs. VII sowie Art. 157 Abs. I Ziff. 1, 2 und Abs. III der Gemeindeordnung mit Entschließung vom 1. Juli 1911 aufsichtlich beanstandet, da „für die Zulassung der Feuerbestattung eine polizeiliche Regelung nicht entbehrt werden könne, für eine solche aber zurzeit die nötigen gesetzlichen Grundlagen fehlen, weshalb der Betrieb eines Krematoriums nicht gestattet werde; der bezeichnete Ansatz müsse daher als unvereinbar mit den derzeit bestehenden gesetzlichen Bestimmungen und demnach der staatlichen Ordnung widerstreitend erachtet und bei dieser Sachlage der beschlußmäßigen Streichung jenes Betrages aus dem Voranschlage seitens der städtischen Kollegien binnen drei Wochen entgegengesehen werden". Da die städtischen Kollegien mit Beschluß vom 7./11. Juli 1911 dieser Aufforderung keine Folge leisteten, wurden mit Regierungsentschließung vom 14. September 1911 die einschlägigen Gemeindebeschlüsse außer Wirksamkeit gesetzt und die 32000 ℳ aus dem Voranschlag gestrichen. Dabei wurde hervorgehoben: „Das Selbstverwaltungsrecht der Gemeinden habe sich im Rahmen der gegebenen staatlichen Rechtsordnung zu bewegen. Wenn die Errichtung und der Betrieb einer gemeindlichen Anlage von den Aufsichtsbehörden als mit den derzeit in Bayern bestehenden gesetzlichen Bestimmungen unvereinbar erachtet wird, so widerstreite ein dieser Anschauung entgegenstehendes

Vorgehen der gemeindlichen Vertretung der staatlichen Ordnung. Die Einsetzung des Betrages von 32 000 ℳ in den städtischen Voranschlag zur Durchführung und Inbetriebnahme einer städtischen Feuerbestattungsanlage in Nürnberg stelle sich hiernach als ein dem Staatswohle zum Nachteile gereichender Uebergriff über die gesetzlichen Grenzen des gemeindlichen Wirkungskreises dar."

Gegen die Regierungsentschließung vom 14. September 1911 erhob der Stadtmagistrat Nürnberg auf Grund des Art. 10 Ziff. 2 des Verwaltungsgerichtsgesetzes wegen Verletzung des der Gemeinde gesetzlich zustehenden Selbstverwaltungsrechtes Beschwerde zum Verwaltungsgerichtshofe. Mit Entscheidung des zweiten Senates vom 20. September 1911 hat der Verwaltungsgerichtshof ausgesprochen, daß rechtsförmliche Gemeindebeschlüsse über die Errichtung einer Feuerbestattungsanstalt aus laufenden Mitteln der Gemeinde von der Staatsaufsicht nicht als gesetzwidrig außer Wirksamkeit gesetzt werden können. Die Regierungsentschließung vom 14. September 1911 wurde aufgehoben.

2. Im Voranschlage für den Gemeindehaushalt der Stadt Nürnberg für das Jahr 1912 ist auf Grund der Beschlüsse der gemeindlichen Kollegien vom 19. Februar und 13./15. März 1912 unter den Ausgaben — abgesehen von der im Voranschlag 1911 eingestellt gewesenen und als Kredit auf das Jahr 1912 übertragenen Summe von 32 000 ℳ für Errichtung einer Einäscherungsstätte im Westfriedhofe — ein weiterer Betrag von 400 ℳ zum Betriebe dieser Anlage für persönliche und sachliche Ausgaben vorgesehen worden. Die Regierung von Mittelfranken, Kammer des Innern, hat den Ansatz von 400 ℳ bei der aufsichtlichen Prüfung des Voranschlages nicht beanstandet, sondern in ihrer Entschließung vom 10. Mai 1912 nur auf die Entschließungen des Staatsministeriums des Innern vom 20. September 1907 und vom 5. August 1910 hingewiesen, wonach der Betrieb der Feuerbestattungsanlage nicht gestattet werden könne. Mit Entschließung vom 15. Juni 1912 hat sodann die Regierung dem Stadtmagistrat Nürnberg weiter eröffnet, daß zum Betriebe der Einäscherungsstätte die aufsichtliche Genehmigung nach Art. 159 Abs. I Ziff. 5 der rechtsrheinischen Gemeindeordnung erforderlich sei; denn der Betrieb einer gemeind-

lichen Feuerbestattungsanlage sei für die Gemeinde eine Quelle fortdauernder Haftungen sowohl gegenüber denen, welche die Anstalt zur Einäscherung von Leichen benützen, als auch gegenüber den für die Anstalt erforderlichen Bediensteten. Vor der Inbetriebnahme der Einäscherungsstätte im Westfriedhofe werde daher der Einreichung eines Gesuches nun die Genehmigung binnen vier Wochen entgegengesehen. Auf Grund Gesamtbeschlusses vom 28. Juni 1912 erhob der Stadtmagistrat Nürnberg gegen die Regierungsentschließung vom 15. Juni 1912 Beschwerde zum Verwaltungsgerichtshofe, die Verletzung des gemeindlichen Selbstverwaltungsrechtes geltend machte und auf Art. 10 Ziff. 2 des Verwaltungsgerichtsgesetzes gestützt war. In der Entscheidung des zweiten Senates vom 13. November 1912 hat der Verwaltungsgerichtshof erkannt, daß der gemeindliche Betrieb einer Feuerbestattungsanstalt rechtlich nicht unzulässig sei und daß zu den Gemeindebeschlüssen darüber eine staatsaufsichtliche Genehmigung nach Art. 159 Abs. I Ziff. 5 der rechtsrheinischen Gemeindeordnung nicht erforderlich sei, wenn nach den gegebenen Verhältnissen der Gemeinde eine dauernde Haftungsverbindlichkeit aus der Anstalt nicht erwächst. Diese Voraussetzung hielt der erkennende Senat für gegeben, indem er ausführte, daß nach der Gesetzesbegründung Art. 159 Abs. I Ziff. 5 der Gemeindeordnung „die Sicherung der Gemeinden und künftigen Generationen vor übermäßiger Belastung" erstrebe. Durch den Betrieb der Einäscherungsstätte werde die Stadtgemeinde Nürnberg gegenüber den Benützern nur zu einer einmaligen Leistung, nämlich zur ordnungsmäßigen Verbrennung der Leiche verpflichtet, während der wiederholte Eintritt ihrer Verbindlichkeit ohne Abschluß eines neuen Vertrages ausgeschlossen ist. Die Haftungsverbindlichkeit der Gemeinde könne mithin gegenüber den Benützern der Einäscherungsstätte keine „dauernde" sein. Aber auch gegenüber den für die Feuerbestattungsanstalt erforderlichen Bediensteten ändere sich die Rechtslage nicht, da für die Bedienung der Einäscherungsstätte sonstige nicht gerade zu diesem Zwecke aufgestellte gemeindliche Bedienstete verwendet werden können und im übrigen für etwa besonders Angestellte dann keine außerordentlichen Aufwendungen erforderlich werden, wenn ihre

Gehälter aus den Betriebsmitteln der Einäscherungsstätte gedeckt werden. Durch die Aufstellung von Bediensteten für die Zwecke der Einäscherungsstätte werde demnach der Stadtgemeinde Nürnberg auf keinen Fall ein solcher Aufwand erwachsen, aus dem in dauernder Haftung eine „übermäßige“ Belastung entstehen könne. Es bestehe daher keine gesetzliche Handhabe, um die Stadtgemeinde Nürnberg zur Einreichung eines Gesuches um die staatsaufsichtliche Genehmigung für die Gründung und den Betrieb der Einäscherungsstätte anhalten zu können. Die als Verletzung des gemeindlichen Selbstverwaltungsrechtes sich darstellende Regierungsentschließung vom 15. Juni 1912 wurde daher aufgehoben. (Vgl. EVGH. Bd. 34 S. 79).

Auf Grund dieser Entscheidungen hat die Staatsregierung die Frage, ob nicht das Polizeistrafgesetzbuch schon in seiner gegenwärtigen Verfassung eine polizeiliche Regelung für die Feuerbestattung zulasse, erneut der Prüfung unterzogen. Ein erholtes Gutachten des Straffenates des Obersten Landesgerichtes hat sich dahin ausgesprochen, daß schon auf Grund des Art. 61 Abs. I Ziff. 3 des Polizeistrafgesetzbuches Oberpolizeiliche Vorschriften über Zeit, Ort und Art der Leichenverbrennung erlassen werden können. In Anlehnung an das Preußische Gesetz vom 14. September 1911 über die Feuerbestattung und an die Vollzugsanweisung hierzu vom 29. September 1911 hat das Staatsministerium des Innern am 28. Dezember 1912 Oberpolizeiliche Vorschriften über die Feuerbestattung auf Grund des Art. 61 Abs. I Ziff. 3 des PStrGB. und eine Vollzugsbekanntmachung vom gleichen Tage erlassen, der als Anlage eine Anweisung über das Verfahren bei der amtsärztlichen Leichenbesichtigung und bei der Ausstellung der amtsärztlichen Bescheinigung für die Feuerbestattung beigegeben ist. Diese Vorschriften wurden in Nr. 87 des am 30. Dezember 1912 ausgegebenen Gesetz- und Verordnungsblattes veröffentlicht. Sie wurden durch die Oberpolizeilichen Vorschriften über die Feuerbestattung vom 11. März 1920, die Vollzugsanweisung hierzu vom gleichen Tage und die beigegebene Anweisung für den Amtsarzt ersetzt. Die neuen Vorschriften sind im Gesetz- und Verordnungsblatte Nr. 11 vom 16. März 1920 veröffentlicht.

Hiernach dürfen menschliche Leichen nur in Feuerbestattungsanlagen eingeäschert werden, die von bürgerlichen Gemeinden betrieben werden. Der Betrieb einer Feuerbestattungsanlage durch einen Verein oder Privatpersonen ist unzulässig. Feuerbestattungsanlagen können auch allein und ohne Zusammenhang mit öffentlichen Friedhöfen errichtet werden.

Die Einäscherung menschlicher Leichen an anderen Orten und in anderen Anlagen ist verboten. Es muß Vorsorge getroffen sein, daß die Asche einer jeden Leiche möglichst rein und vollständig gewonnen und eine Vermengung mit anderen Stoffen oder eine Verwechselung tunlichst vermieden wird. Zur Beisetzung von Aschenresten, die weder auf einem öffentlichen Friedhof noch in einer sonstigen von der zuständigen Behörde zugelassenen Bestattungsanlage beigesetzt werden, sind bei den Feuerbestattungsanlagen besondere Anlagen vorzusehen.

Eine Leiche darf erst dann eingeäschert werden, wenn die Ortspolizeibehörde des Einäscherungsortes, in München der Stadtrat, die Feuerbestattung schriftlich genehmigt hat. Die Genehmigung darf nur erteilt werden, wenn folgende Nachweise beigebracht sind: 1. die amtliche Sterbeurkunde; 2. eine amtsärztliche Bescheinigung über die Todesursache; 3. der Nachweis, daß der Verstorbene die Feuerbestattung seiner Leiche angeordnet hat; 4. eine Bescheinigung der Ortspolizeibehörde des Sterbeortes oder des letzten Wohnortes, in München der Polizeidirektion, darüber, daß ihr Umstände, die den Verdacht der Herbeiführung des Todes durch eine strafbare Handlung begründen, nicht bekannt sind. In den Fällen des § 157 Abs. I[1]) der Strafprozeßordnung ersetzt die nach Abs. II des § 157 erteilte Genehmigung die Bescheinigung der Ortspolizeibehörde. Der Nachweis, daß der Verstorbene die Feuerbestattung angeordnet hat, kann erbracht werden: 1. durch eine letztwillige Verfügung des Verstorbenen; 2. durch eine mündliche Erklärung des Verstorbenen, die von einer zur Führung eines öffentlichen Siegels berechtigten Person als in ihrer Gegen-

[1]) Nun § 159 der Strafprozeßordnung in der vom 1. April 1924 ab geltenden Fassung (RGBl. 1924 Teil I S. 328).

wart abgegeben beurkundet ist; 3. durch eine schriftliche, hinsichtlich der Unterschrift von einem bayerischen Notar beglaubigte Erklärung des Verstorbenen; 4. durch die mündliche, eidesstattliche Versicherung zweier eidesfähiger (§ 56 Nr. 1 und 2 der Strafprozeßordnung, § 393 Nr. 1 und 2 der Zivilprozeßordnung) Zeugen vor einem bayerischen Notar, daß der Verstorbene in ihrer Gegenwart den ausdrücklichen und ernstlichen Wunsch geäußert hat, eingeäschert zu werden.

Die Anordnung kann nicht durch einen Stellvertreter getroffen werden. Sie ist nur wirksam, wenn der Verstorbene sie nach vollendetem 16. Lebensjahre getroffen hat und zu der Zeit, in der er die Anordnung traf, nicht geschäftsunfähig war. An die Stelle der Anordnung tritt: 1. der Antrag des Inhabers der elterlichen Gewalt, wenn der Verstorbene unter elterlicher Gewalt stand und das 16. Lebensjahr nicht vollendet hatte; 2. der Antrag des Vormundes und die Genehmigung des Vormundschaftsgerichts, wenn der Verstorbene unter Vormundschaft stand und nicht fähig war, selbst eine Anordnung zu treffen.

Die Aschenreste einer eingeäscherten Leiche müssen in einem besonderen, amtlich zu verschließenden Behälter entweder auf einem öffentlichen Friedhof oder in einer sonstigen gesetzlich (s. Art. 61 Abs. I Ziff. 2 PStrGB.) zugelassenen Bestattungsanlage oder in den besonderen Anlagen der Feuerbestattungsanlage beigesetzt werden.

Die Vorschriften über die Leichenschau und die Zeit der Beerdigung finden auf Leichen, die der Feuerbestattung zugeführt werden, entsprechende Anwendung.

II.

Oberpolizeiliche Vorschriften über die Leichenschau und die Zeit der Beerdigung

vom 20. November 1885 (GVBl. 1885 S. 655 ff.), geändert durch MinBek. vom 6. Dezember 1887, 28. März 1907, VO. vom 13. August 1920 und 27. August 1921 (GVBl. 1887 S. 690, 1907 S. 227, 1920 S. 410, 1921 S. 407), VO. vom 3. März 1924 (GVBl. 1924 S. 77), VO. vom 11. Juli 1925 (StA. Nr. 159).

[Kgl.] Staatsministerium des Innern.

Auf Grund des § 367 Ziff. 2 des StGB. für das Deutsche Reich, dann des Art. 2 Ziff. 7 und Art. 61 Abs. 1 Ziff. 3 des PStGB. vom 26. Dezember 1871 werden nachstehende Vorschriften erlassen:

§ 1.

I. Jede menschliche Leiche ist vor der Beerdigung nach Maßgabe der folgenden Bestimmungen der Leichenschau zu unterstellen.

II. Die Leichen neugeborener Kinder unterliegen der Leichenschau nur dann, wenn die Frucht nach zurückgelegtem siebten Monate[1]) der Schwangerschaft von der Mutter getrennt wurde.

§ 2.

Zu dem in § 1 Abs. 1 bezeichneten Zwecke sind Leichenschaubezirke zu bilden und für jeden dieser Bezirke ein Leichenschauer und ein Stellvertreter desselben aufzustellen.

---

[1]) Hiernach unterliegen der Leichenschau nur lebensfähige Früchte.

§ 3.

Größere Gemeinden können in mehrere Leichenschaubezirke abgeteilt, mehrere kleinere Gemeinden zu einem Bezirke vereinigt werden.

§ 4. [1])

I. Die Vornahme der Leichenschau obliegt in öffentlichen Kranken-, Wohltätigkeits- und ähnlichen Anstalten den Anstaltsärzten [2]), in Kasernen und sonstigen militärischen Gebäuden — und zwar bei allen Todesfällen — den zuständigen Militärärzten.

II. Im übrigen sind zur Leichenschau in erster Reihe Aerzte, dann Chirurgen, Bader, vormalige Sanitätssoldaten und Lazarettgehilfen, endlich, in Ermangelung von solchen, Laien [3]) zu berufen. Die letzteren sind durch den [Kgl.] Bezirksarzt [4]) vor ihrer Bestellung entsprechend zu unter-

---

[1]) Abs. I erhielt seine gegenwärtige Fassung durch die MBek. vom 28. März 1907 — GVBl. 1907 S. 227. —

[2]) Anstaltsärzte: Bei der Ausfüllung der Leichenschauscheine für Personen, die in einer Krankenanstalt, einer öffentlichen Wohltätigkeits- oder ähnlichen Anstalt an einer bösartigen Neubildung sterben und in diese schon behaftet mit der als Todesursache festgestellten Krankheit getreten sind, haben die Anstaltsärzte zur Ermöglichung der Herstellung einer Topographie der Sterblichkeit an bösartigen Neubildungen neben dem Sterbeort auch den früheren ständigen Aufenthaltsort anzugeben, soweit dieser mit dem Sterbeort nicht zusammenfällt und sich ohne besondere Erhebungen ermitteln läßt. (AutMinE. vom 8. April 1908 Nr. 9461 II).

[3]) Laien sind zur Leichenschau erst beim Mangel von Aerzten, Chirurgen, Badern, vormaligen Sanitätssoldaten und Lazarettgehilfen zu berufen.

Bei Erledigung der Stelle eines Leichenschauers hat die Bezirkspolizeibehörde daher denjenigen Personen, die nach ihrer Berufsstellung und ihrem Wohnsitz für die Ausübung der Leichenschau in einem Bezirk in Betracht kommen, also insbesondere auch geeigneten Badern Gelegenheit zur Bewerbung durch Mitteilung der Erledigung zu geben. (AutMinE. vom 10. Dezember 1907 Nr. 27696). Sie hat vor Aufstellung eines Laien-Leichenschauers die Frage zu prüfen, ob nicht die Aufstellung eines außerhalb des Leichenschaubezirkes wohnenden Arztes oder Baders möglich ist.

[4]) Bezirksarzt: Vgl. § 44 Abs. II und 45 Abs. III der Min.-Bek. vom 23. Januar 1912 über den bezirksärztlichen Dienst (MABl. 1912 S. 173).

weisen und nach Bedürfnis später zeitweise einer Prüfung zu unterziehen.

III. Die Leichenschau darf nur unbescholtenen Personen übertragen und belassen werden.

§ 5.

I. Die Bildung der Leichenschaubezirke, sowie die Aufstellung der Leichenschauer[1]) und ihrer Stellvertreter erfolgt in widerruflicher Weise durch die Distriktspolizeibehörde[2]) im Benehmen mit dem Bezirksarzte[3]).

II. Die Leichenschauer und deren Stellvertreter sind, soferne sie nicht infolge ihrer dienstlichen Stellung als Amts- oder Anstaltsärzte bereits verpflichtet sind, durch die Distriktspolizeibehörde[4]) handgelübdlich in Pflicht zu nehmen.

III. Die Leichenschaubezirke, sowie die bestellten Leichenschauer und deren Stellvertreter sind öffentlich bekannt zu machen.

---

[1]) Der Leichenschauer: Ueber die Versicherungspflicht der Leichenschauer s. ME. vom 2. Juni 1915 — MABl. 1915 S. 122 —). Der Versicherungspflicht unterliegen die Leichenschauer nur dann, wenn die Beschäftigung als Leichenschauer ihren Hauptberuf bildet.

[2]) Distriktspolizeibehörde: Nach der jetzigen Begriffsangabe: Bezirkspolizeibehörde. (Vgl. Art. 1 Abs. II des Selbstverwaltungsgesetzes vom 22. Mai 1919 (GVBl. 1919 S. 239): Bezirksamt (§§ 1 und 2 der Verordnung vom 21. Dezember 1908 über die Bezirksämter (GVBl. 1908 S. 1122) in unmittelbaren Städten: Stadtrat (Art. 93 der GemO. vom 29. April 1869) u. Gesetz über die Selbstverwaltung vom 22. Mai 1919 Art. 6, Abs. 1 (GVBl. 1919 S. 239) in München: Polizeidirektion (§ 15 VO. vom 2. Oktober 1869 — Weber Bd. VIII S. 338).

[3]) Mit dem Bezirksarzte: Vgl. § 44 Abs. I der MinBek. vom 23. Januar 1912 über den bezirksärztlichen Dienst (MABl. 1912 S. 173).

Der Bezirksarzt hat über die Leichenschauer, deren Stellvertreter und die ihnen zugeteilten Bezirke ein Verzeichnis nach Anlage 5 zur MinBek. vom 23. Januar 1912 über den bezirksärztlichen Dienst (MABl. 1912 S. 199) zu führen. Er hat dafür zu sorgen, daß die Leichenschauer im Besitze der sich auf die Leichenschau beziehenden Vorschriften sind, für die Todesursachen richtige und einheitliche Bezeichnungen anwenden, die Leichenschauregister genau führen und ihren Anzeigepflichten nachkommen. Verfehlungen (Bestrafungen) der Leichenschauer sind in dem Verzeichnisse unter „Bemerkungen" vorzutragen. (§ 45 Abs. II a. O.)

[4]) Distriktspolizeibehörde. Nach der derzeitigen Begriffsangabe: Bezirkspolizeibehörde.

§ 6.[1])

I. Die Leichenschau ist in der Regel einmal vorzunehmen. Eine 2. Leichenschau muß stattfinden, wenn dies nach Lage des Falles zur Erfüllung des Zweckes der Leichenschau (Ziffer I der Dienstanweisung für die Leichenschauer) notwendig ist.

II. Eine zweite Leichenschau kann stattfinden, wenn die Angehörigen es wünschen. Der Leichenschauer hat den Grund der zweiten Leichenschau auf dem Leichenschauschein kurz zu vermerken.

§ 7[2]).

I. Die Leichenschau ist nicht vor Ablauf von 8 Stunden und, wenn möglich, innerhalb 24 Stunden nach dem Tode vorzunehmen. Leichen, die von der Wohnung in ein Leichenhaus verbracht werden, sind vor der Ueberführung zu besichtigen; die Leichenschau darf in diesem Falle auch vor Ablauf von 8 Stunden nach dem Tode vorgenommen werden[3]).

II. Die Leichenschau ist bei plötzlichen oder verdächtigen Todesfällen (nicht natürlichem Tod oder Verdacht auf solchen), ferner, wenn es zur Verhütung der Verbreitung einer übertragbaren Krankheit notwendig ist, möglichst zu beschleunigen[4]).

---

[1]) § 6 erhielt seine gegenwärtige Fassung durch die VO. vom 13. August 1920 (GVBl. 1920 S. 410), die am 1. September 1920 in Kraft getreten ist.

[2]) In der Fassung der VO. vom 27. August 1921, in Kraft getreten am 1. September 1921 (GVBl. 1921 S. 407).

[3]) Durch Abs. I ist den Schwierigkeiten, die sich in den Orten mit Leichenhauszwang beim Vollzuge der bisherigen Bestimmungen ergeben haben, Rechnung getragen. Es hat also künftig, auch wenn die Leichenschau bei Verbringung der Leiche in das Leichenhaus früher als 8 Stunden nach dem Eintreten des Todes vorgenommen wird, eine 2. Leichenschau nur in den in § 6 besonders genannten Fällen stattzufinden. (ME. v. 29. Aug. 1921 Nr. 5356 a 17).

[4]) Abs. II ist dahin zu verstehen, daß bei plötzlichen oder verdächtigen Todesfällen die Leichenschau stets alsbald nach dem Eintritt des Todes vorzunehmen ist. (Vgl. die in Anm. 3 genannte ME. vom 29. Aug. 1921).

§ 8.

I. Jeder Todesfall ist alsbald, oder, wenn der Tod zur Nachtzeit und nicht gewaltsam[1]) erfolgte, spätestens am folgenden Morgen dem Leichenschauer anzuzeigen.[2])

II. Zur Anzeige verpflichtet ist das Familienhaupt und, wenn ein solches nicht vorhanden oder an der Anzeige behindert ist, derjenige, in dessen Wohnung oder Behausung der Sterbefall sich ereignet hat.[3])

III. Bis zur Ankunft des Leichenschauers ist die Leiche in unveränderter Lage,[4]) mit unverhülltem Gesicht und frei von beengenden Kleidern zu belassen.

IV. Den von dem Leichenschauer zur Wiederbelebung eines mutmaßlich Scheintoten allenfalls getroffenen Anordnungen[5]) ist pünktliche Folge zu leisten.

---

[1]) Nicht gewaltsam: Bezüglich der Anzeichen einer gewaltsamen Todesart vgl. Ziff. III der Dienstanweisung für Leichenschauer S. 48.

[2]) Anzuzeigen: Unterlassung oder Verspätung der Anzeige ist nach § 367 Ziff. 2 RStGB. strafbar.

Wer über die Zeit oder Art des eingetretenen Todes bei der Leichenschau wissentlich falsche Angaben macht, unterliegt der Bestrafung nach Art. 60 Abs. II PStrGB. s. S. 104).

[3]) Im Falle des Auffindens von Leichen, bezüglich deren — weil der Sterbefall nicht in einer Wohnung oder Behausung stattgefunden hat — eine Anzeige an den Leichenschauer gemäß der vorstehenden Vorschrift (Abs. I und II) nicht erfolgt, ist die Ortspolizeibehörde zur Verständigung des Leichenschauers verpflichtet, dem es sodann nach Maßgabe des § 9 Abs. III der gegenwärtigen oberpolizeilichen Vorschriften (s. S. 40) obliegt, die Beerdigung bis zur erfolgten richterlichen oder behördlichen Genehmigung zu verhindern.

In den Fällen des § 157 Abs. I (nun § 159 der StrPO. in der vom 1. April 1924 ab geltenden Fassung — RGBl. 1924 Teil I S. 338 —) der Reichsstrafprozeßordnung (s. S. 78) hat der von der Ortspolizeibehörde verständigte Leichenschauer die Leichenschau entweder schon vor dem Eintreffen der Gerichtskommission oder unmittelbar vor dem Beginn der Obduktion vorzunehmen und das Eintreffen der Gerichtskommission jedenfalls dann abzuwarten, wenn sich eine vorschriftsmäßige Leichenschau nicht ohne Manipulationen vornehmen läßt, die den Tatbestand zu verdunkeln geeignet sind. (AutMinE. vom 25. Februar 1903 Nr. 3798).

[4]) In unveränderter Lage: Wer vor erfolgter Leichenschau zu einer Leichenöffnung schreitet, wird nach Art. 60 Abs. I PStrGB. bestraft.

[5]) Anordnungen: s. Ziff. IV der Dienstanweisung für die Leichenschauer. (S. 49.)

§ 9.

I. Ueber die erfolgte Leichenschau hat der Leichenschauer einen Leichenschauschein[1]) auszustellen. Die Ausfertigung darf erst dann erfolgen, wenn der Leichenschauer die volle Gewißheit des eingetretenen Todes gewonnen hat.

II. Sind Anhaltspunkte für die Annahme eines nicht natürlichen Todes vorhanden,[2]) so hat der Leichenschauer gemäß Art. 43 Abs. 1 des PStGB.[3]) unverzüglich Anzeige[4]) und Befundbericht an die Ortspolizeibehörde zu erstatten, von welcher nach Maßgabe des § 157 der RStPO.[5]) und nach der Ministerialbekanntmachung (MABl. S. 537) vom 3. Oktober 1879[6]) sofort weitere Einleitung zu treffen ist. Das gleiche Verfahren ist bezüglich aufgefundener Leichen zu beobachten.

III. Der Leichenschauschein ist in diesen Fällen (Abs. 2) mit der Bemerkung zu versehen, daß die Beerdigung nicht vor Erteilung der nach § 157 der RStPO.[6]) bzw. nach der angeführten Ministerialbekanntmachung erforderlichen richterlichen oder behördlichen Genehmigung erfolgen darf.

---

[1]) Leichenschauschein: Formular s. S. 54. Die Beschaffung der erforderlichen Formulare fällt dem Leichenschauer zur Last. (MinE. vom 11. Januar 1886 Nr. 171.)

[2]) Nicht natürlichen Todes: Der Begriff des nicht natürlichen Todes umfaßt nicht allein die durch eine strafbare Handlung verursachten Todesfälle, sondern auch alle diejenigen Fälle, in denen der Tod durch Selbstmord oder durch eine sonstige äußere Einwirkung veranlaßt worden ist.

Ueber die Anzeichen einer gewaltsamen Todesart vgl. Ziff. III der Dienstanweisung für Leichenschauer, S. 48.

[3]) Art. 43 Abs. I PStrGB. ist abgedruckt auf S. 104.

[4]) Anzeige: Die Leichenschauer sind berechtigt, ihre Anzeigen unfrankiert in roten Briefumschlägen nach dem im MABl. 1911 S. 403 abgedruckten Muster (s. S. 59) mit dem Vermerk „Portopflichtige Dienstsache" an die Polizeibehörden zu versenden. Die Umschläge werden von den Polizeibehörden, mit dem Dienstsiegel dieser Behörden versehen, an die Anzeigepflichtigen abgegeben. Das Porto ist von den Polizeibehörden einzuheben. Anzeigen, die den gestellten Anforderungen nicht entsprechen, sind wie gewöhnliche unfrankierte Briefe nach den Vorschriften der Postordnung zu behandeln. (ME. vom 26. Mai 1911 — MABl. 1911 S. 403.)

[5]) Nach Maßgabe des § 157 der RStPO: nun § 159 der Strafprozeßordnung in der vom 1. April 1924 ab geltenden Fassung (RGBl. 1924 Teil I S. 338).

[6]) Die MBek. vom 3. Oktober 1879 ist abgedruckt auf S. 78 ff.

IV. Im übrigen haben die Leichenschauer ihr Verhalten nach den Vorschriften der anliegenden Dienstanweisung zu bemessen.

§ 10.

1. I. In der Regel dürfen Leichen nicht früher als 48 und nicht später als 72 Stunden nach Eintritt des Todes beerdigt werden.

II. Die Beerdigung vor Ablauf von 48 Stunden kann auf Begutachtung seitens des Leichenschauers durch die Ortspolizeibehörde [1]) ausnahmsweise gestattet werden, wenn die Leichenöffnung stattgefunden hat, desgleichen bei eingetretener Fäulnis und wenn die Leiche in Ermangelung eines sonstigen Raumes in einer überfüllten Wohnung aufzubewahren ist.

III. Außerdem kann die Beerdigung jüdischer Leichen schon nach Ablauf von mindestens 24 Stunden auf Begutachtung des Leichenschauers durch die Ortspolizeibehörde gestattet werden, wenn die Beerdigung bei Einhaltung der in Abs. 1 bezeichneten Fristen auf einen Sabbath oder einen hohen jüdischen Festtag fiele.

IV. Im Leichenschauscheine ist der Grund, warum eine frühere Beerdigung begutachtet wird, zu bemerken.

V. Eine Beerdigung nach Ablauf von 72 Stunden ist nur mit distriktspolizeilicher Bewilligung [2]) zulässig. [3])

VI. Die polizeilichen Vorschriften [4]) bezüglich der Be-

---

[1]) Durch die Ortspolizeibehörde: s. auch Anm. 3 zu diesem Paragraphen.

Weitere Ermächtigung der Ortspolizeibehörden bei Ueberführung von Leichen durch MinBek. vom 5. September 1914 s. Anm. 4 S. 67 f.

[2]) Distriktspolizeilicher Bewilligung: Nach der jetzigen Begriffsangabe: bezirkspolizeilicher.

[3]) Unbeschadet der Bestimmungen in dem vorstehenden § 10 Ziff. 1 Abs. II, III und V sind die Ortspolizeibehörden ermächtigt, die Beerdigung vor Ablauf von 48 Stunden oder nach Ablauf von 72 Stunden, jedoch nicht früher als 36 und nicht später als 84 Stunden nach erfolgtem Tode auf jeweilige Begutachtung des Leichenschauers zu gestatten, wenn der Einhaltung der regelmäßigen Beerdigungsfrist nach den besonderen örtlichen Verhältnissen erhebliche Hindernisse entgegenstehen. (MinBek. vom 6. Dezember 1887 — GVBl. S. 690).

[4]) Die polizeilichen Vorschriften: Vgl. § 21 des Reichsgesetzes betr. die Bekämpfung gemeingefährlicher Krankheiten vom 30. Juni 1900 (RGBl. 1900 S. 311), Ausführungsbestimmungen hiezu vom

erdigung von an einer ansteckenden Krankheit Verstorbenen bleiben unberührt.[1])

2. Vor erfolgter Ausstellung des Leichenschauscheines — im Falle der Auffindung von Leichen und bei obwaltendem Verdachte eines nicht natürlichen Todes vor Erteilung der Genehmigung der Distriktspolizeibehörde[2]) oder des Anstaltsvorstandes bzw. des Staatsanwalts am [Kgl.] Landgerichte oder des zuständigen Richters (§ 9 Abs. 2) — darf keine Leiche beerdigt[3]) werden.

3. Gemäß § 60 des RG. über die Beurkundung des Personenstandes und die Eheschließung vom 6. Februar 1875,[4]) darf ohne Genehmigung der Ortspolizeibehörde[5]) keine Beerdigung vor der Eintragung des Sterbefalles in das Sterberegister, über deren Vollzug der Standesbeamte die vorgeschriebene Bescheinigung[6]) auszustellen hat, stattfinden.

---

21. Februar 1904, Ziff. I, 7 (Cholera), Ziff. II, 6 (Pocken), Ziff. III, 6 (Fleckfieber), Ziff. IV, 5 (Aussatz) — RGBl. 1904 S. 71, 95, 113, 128 —, dann vom 6. Oktober 1900 Ziff. 7 (Pest) — RGBl. 1900 S. 853.

[1]) Die Vorschriften über die Leichenschau und die Zeit der Beerdigung finden auf Leichen, die der Feuerbestattung zugeführt werden, entsprechende Anwendung (§ 7 der Oberpolizeilichen Vorschriften über die Feuerbestattung vom 11. März 1920, abgedruckt S. 93).

[2]) Der Distriktspolizeibehörde: Nach der jetzigen Begriffsangabe „Bezirkspolizeibehörde".

[3]) Beerdigt werden: Zuwiderhandlungen unterliegen der Bestrafung aus § 367 Ziff. 2 RStrGB.

[4]) In der vom 2. Juli 1920 an geltenden Fassung (RGBl. 1920 S. 1209).

[5]) Ohne Genehmigung der Ortspolizeibehörde: Die ortspolizeilichen Genehmigungen sind gebührenfrei. (Ziff. 52, 1, b der VollzAnw. zum Personenstandsgesetze — MABl. 1899 S. 714 —).

Ein Pfarrer, welcher ohne Genehmigung der Ortspolizeibehörde ein kirchliches Begräbnis vor erfolgter Eintragung des betreffenden Sterbefalles in das Sterberegister vornimmt, unterliegt der Strafbestimmung des § 367 Ziff. 2 des RStrGB. (Sammlung der Entscheidungen des obersten Gerichtshofes für Bayern in Gegenständen des Strafrechtes und Strafprozesses (Erlangen 1877) Bd. VI S. 466).

[6]) Die vorgeschriebene Bescheinigung: Solche Bescheinigungen sind, auch wenn sie nicht verlangt werden, vom Standesbeamten auszustellen und den Anzeigenden zu behändigen, damit den Beteiligten wiederholte Gänge erspart werden. Die Bescheinigungen sind aber nicht in der Form von Sterbeurkunden auszustellen. (Ziff. 44 der Vollz.-Anweisung zum Personenstandsgesetze — MABl. 1899 S. 710 —).

Sie sind gebührenfrei. (Gebührentarif zum Personenstandsgesetze Ziff. I — RGBl. 1875 S. 40 —).

4. Die vorstehenden Bestimmungen finden in der Pfalz mit der Maßgabe Anwendung, daß — vorbehaltlich der in Ziff. 1 und 2 geforderten anderweitigen Genehmigungen — die Beerdigung gemäß Art. 77 des Code civil nur mit schriftlich erteilter Ermächtigung des Standesbeamten, mit welcher zugleich die in Ziff. 3 erwähnte Bescheinigung zu verbinden ist, erfolgen darf.

§ 11.

I. Der Leichenschauschein ist vom Leichenschauer dem Anzeigepflichtigen (§ 8 Abs. 2) auszuhändigen[1]), welch letzterer Sorge zu tragen hat, daß der Schein dem die Beerdigung vollziehenden Seelsorger[2]) zur Kenntnisnahme vorgelegt und sodann an den Bürgermeister abgegeben wird.

II. In der Pfalz ist der dem Anzeigepflichtigen ausgehändigte Schein an den Standesbeamten abzugeben, welcher denselben, soferne er nicht selbst der Bürgermeister ist, an diesen nach erteilter Beerdigungserlaubnis auszuhändigen hat.

III. In den in § 9 Abs. 2 und 3 erwähnten Fällen hat der Leichenschauer im rechtsrheinischen Bayern, wie in der Pfalz, den Leichenschauschein unmittelbar an den Bürgermeister abzugeben.

IV. Der Bürgermeister[3]) hat die Leichenschauscheine zu sammeln und je am Schlusse eines Vierteljahres an den [Kgl.] Bezirksarzt abzuliefern[4]).

---

[1]) Vom Leichenschauer ... auszuhändigen: Die Leichenschauer haben bei der Aushändigung der Leichenschauscheine an die Anzeigepflichtigen diese jedesmal darauf aufmerksam zu machen, wie sie dafür Sorge zu tragen haben, daß die Scheine nach der Vorlage an den Seelsorger an den Bürgermeister abgegeben werden. (AutMinE. vom 23. Juli 1908 Nr. 18301.)

[2]) Seelsorger: Mit AutMinE. vom 23. Juli 1908 Nr. 18301 wurden die Distriktspolizeibehörden angewiesen, an die in Betracht kommende Geistlichkeit das Ersuchen zu richten, Leichenschauscheine, welche von den Anzeigepflichtigen zurückgelassen worden sind, sofort an diese oder an die Bürgermeister abzugeben. Vgl. auch Anm. 3 zu § 2 der MinBek. vom 17. Februar 1888 auf S. 64. Die Distriktspolizeibehörden werden nunmehr als Bezirkspolizeibehörden bezeichnet.

[3]) Der Bürgermeister: Den Bürgermeistern muß eine vorgängige Vergleichung der Leichenschauscheine mit dem standesamtlichen Sterberegister angelegentlich empfohlen werden.

[4]) An den Bezirksarzt: Zur Feststellung der Vollständigkeit und Richtigkeit der Leichenschauscheine erscheint es angezeigt, daß die

§ 12.[1])

Der Leichenschauer hat für die Vornahme der Leichenschau Gebühren zu beanspruchen. Die Gebühr beträgt sowohl für die 1. wie 2. Leichenschau:

I. Für ärztliche Leichenschauer:
   1. am Wohnorte . . . . 3 ℳ
   2. außerhalb des Wohnortes
      a) für Verrichtung . . . . 3 ℳ
      b) außerdem, wenn die Entfernung des Ortes der Leichenschau vom Wohnorte des Leichenschauers [2]) mehr als 2 km beträgt, eine Entfernungsgebühr von . . . . 0.40 ℳ

für jeden km des Hin- und Rückweges.

Die Entfernung des Hin- und Rückweges wird zusammengezählt. Ein in der Gesamtsumme sich ergebender Bruchteil eines km wird nicht gerechnet.

II. Für nichtärztliche Leichenschauer:
   1. am Wohnorte . . . . 1.50 ℳ
   2. außerhalb des Wohnortes
      a) für Verrichtung . . . . 1.50 ℳ

Amtsärzte die Scheine nach Jahresschluß mit den Einträgen in den Leichenschauregistern und erforderlichenfalles auch mit den Einträgen in den bei der standesamtlichen Aufsichtsbehörde befindlichen standesamtlichen Nebenregistern vergleichen, um etwa erforderliche Ergänzungen und Berichtigungen herbeizuführen. (AutMinE. vom 23. Juli 1908 Nr. 18301.)

Wegen Uebernahme der Leichenschauscheine in die Registraturen der Bezirksverwaltungsbehörden — Aufbewahrungsdauer 20 Jahre — vgl. AutMinE. vom 21. April 1906 Nr. 432.

[1]) In der Fassung der Verordnung vom 3. März 1924 (GVBl. S. 77), geändert durch VO. vom 11. Juli 1925 (StA. Nr. 159).

[2]) Wohnort des Leichenschauers: „Wohnort des Leichenschauers“ ist nicht in dem Sinne von „Wohnung des Leichenschauers“, sondern von „Ortschaft, in der der Leichenschauer wohnt“, zu verstehen. Das Entsprechende gilt für den Ausdruck „Ort der Leichenschau“ Ziff. II, 2, b.

Für eine am Wohnort vorgenommene Leichenschau steht dem Leichenschauer lediglich eine Gebühr für die Verrichtung zu. Die Erhebung einer Entfernungsgebühr ist nicht zulässig. Für den Fall, daß eine Leichenschau aus irgendeinem Grunde, sei es durch oder ohne Verschulden des Gebührenschuldners zur angesetzten Zeit nicht vorgenommen werden kann, sodaß der Leichenschauer nachträglich nochmals zur Leichenschau schreiten muß, ist weder eine Gebühr für Zeitversäumnis, noch eine besondere Entfernungsgebühr vorgesehen.

b) außerdem, wenn die Entfernung des Ortes der Leichenschau[1]) vom Wohnorte des Leichenschauers mehr als 2 km beträgt, eine Entfernungsgebühr von . . . . . 0.20 ℳ
für jeden km des Hin- und Rückweges.

Die Entfernung des Hin- und Rückweges wird zusammengezählt. Ein in der Gesamtsumme sich ergebender Bruchteil eines km wird nicht gerechnet.

Die Gebühren für eine außerhalb des Wohnortes (Ziff. I 2 und II 2) vorgenommene Leichenschau dürfen das $2^1/_2$fache der Gebühr nicht übersteigen, die einem ärztlichen Leichenschauer für die Verrichtung zusteht.

Diese Gebühren gelten als Goldmarkbeträge[2]). Für die Umrechnung in Papiermark ist der im Reichs- und Staatsanzeiger und durch Aushang in den Postanstalten bekanntgegebene Goldmarkrechnungssatz für die Reichssteuern am Zahlungstage maßgebend.

Werden außerhalb des Wohnortes des Leichenschauers bei einem Gange mehrere Leichenschauen vorgenommen, so werden außer der Verrichtungsgebühr für jede einzelne Leichenschau die Entfernungsgebühren (Ziff. I 2 b und II 2 b) nur einmal geschuldet. In diesen Fällen sind die Entfernungsgebühren entsprechend zu verteilen.

Schuldner der Gebühr ist, wer die Beerdigungskosten[3]) zu bestreiten hat. Das Staatsministerium des Innern ist ermächtigt, für einzelne Orte die Gebührensätze anderweitig festzusetzen.

---

[1]) Ortes der Leichenschau: Vgl. Anm. 2 zu § 12.

[2]) Goldmarkbeträge: Nach § 1 des am 11. Oktober 1924 in Kraft getretenen Münzgesetzes vom 30. August 1924 (RGBl. 1924 Teil II S. 254 u. 383) gilt im Deutschen Reiche die Goldwährung. Ihre Rechnungseinheit bildet die Reichsmark, welche in 100 Reichspfennige eingeteilt wird. Die Gebühren verstehen sich hienach als Reichsmark (= R.M.). Vgl. MinBek. vom 4. Dezember 1924 (Bayer. Staatsanzeiger 1924 Nr. 283).

[3]) Beerdigungskosten: Nach § 1968 BGB. trägt der Erbe die Kosten der standesmäßigen Beerdigung des Erblassers. Vgl. auch §§ 844, 1615, 1713 BGB. und Art. 42 Abs. I des Einführungsgesetzes hierzu. Die Uebernahme der Beerdigungskosten fällt unter die nach der Reichsverordnung über die Fürsorgepflicht vom 13. Februar 1924 (RGBl. Teil I S. 100) zu gewährenden Leistungen (§ 6 Abs. II der Reichs-

Auf Ersuchen des Leichenschauers hat die Ortspolizeibehörde die Gebühren einzuheben.

§ 13.

Die vorstehenden ortspolizeilichen Vorschriften treten mit dem 1. Januar 1886 für den ganzen Umfang des Königreiches, unbeschadet der besonderen Bestimmungen für die Pfalz in § 10 Ziff. 4 und § 11 Abs. 2 in Kraft. Gleichzeitig erlöschen alle entgegenstehenden Bestimmungen.

München, den 20. November 1885.

Frhr. v. Feilitzsch.

Der Generalsekretär:

Ministerialrat v. Ries.

---

grundsätze über Voraussetzung, Art und Maß der öffentlichen Fürsorge vom 4. Dezember 1924 (RGBl. Teil I S. 765). Den Bestattungsaufwand hat vorläufig der Bezirksfürsorgeverband (Bezirk, kreisunmittelbare Stadt) zu bestreiten, an Stelle des Bezirkes in reinen Armensachen der Ortsfürsorgeverband (nicht kreisunmittelbare Gemeinde) RVO. über die Fürsorgepflicht vom 13. Februar 1924 § 1 Abs. II, vorläufige bayerische Ausführungsverordnung vom 27. März 1924 über die Fürsorgepflicht (GVBl. 1924 S. 126) Art. 3. Zu den reinen Armensachen zählen nicht die in § 1 Abs. Ia bis c der RVO. über die Fürsorgepflicht aufgeführten Fälle. Die endgültige Fürsorgepflicht bemißt sich nach §§ 7 mit 13 der RVO. über die Fürsorgepflicht und Art 6 Abs. Ic und d der vorläufigen bayer. Ausführungsverordnung.

Anhang.

I. Dienstanweisung für Leichenschauer.[1])

I.

Zweck der Leichenschau ist:

die Verheimlichung von gewaltsamen oder durch strafbare Vernachlässigung oder medizinische Pfuschereien herbeigeführten Todesarten zu hindern, zur Ermittlung ansteckender Krankheiten, sowie zur Herstellung genauer Sterbelisten mitzuwirken und die Beerdigung Scheintoter zu verhüten.

Zu diesem Behufe ist jede Leiche genau zu untersuchen und bei der ersten Leichenschau sowohl an der Vorder- als an der Rückseite des Körpers zu besichtigen.

II.

Die Leichenschau hat sich zunächst mit der Feststellung der den Tod begleitenden Merkmale an der Leiche zu befassen.

Als solche gelten, wenn

1. in der Herzgegend, am Halse, an den Schläfen und den Vorderarmen keine Spur von Puls wahrzunehmen ist;
2. die Augenlider, sobald sie auseinandergezogen werden, offen stehen bleiben und die Augen selbst tief in die Höhlen zurückgezogen, glanzlos und trüb erscheinen, sowie wenn die Augäpfel eine schlaffe und weiche Beschaffenheit zeigen;

---

[1]) Anlage zur Oberpolizeilichen Vorschrift über die Leichenschau und die Zeit der Beerdigung vom 20. November 1885 (Gesetz- und Verordnungsblatt 1885 S. 661).

3. alle Körperteile blaß und kalt, Kinn und Nase spitz, Wangen und Schläfen eingesunken sind;
4. der Unterkiefer abwärts hängt und bei jedesmaligem Hinaufziehen sogleich wieder herabsinkt, oder wenn die Muskeln sich fest und steif anfühlen (Leichenstarre);
5. die Ränder der aneinander gelegten und gegen Kerzenlicht gehaltenen Finger nicht mehr rötlich durchscheinen;
6. eine Flaumfeder oder brennende Kerze, an den Mund gehalten, keine Bewegung oder ein Spiegel bei dieser Probe keinen Beschlag zeigt;
7. an verschiedenen Stellen des Körpers, namentlich am Nacken, Rücken, Gesäß und der hinteren Fläche der Extremitäten verwaschen blaurote Flecken (sog. Totenflecken) sichtbar sind;
8. die Haut, namentlich an den seitlichen Partieen des Bauches, eine schmutziggrünliche Verfärbung (Verwesungsflecken) zeigt.

Der nichtärztliche Leichenschauer hat mindestens die unter 1—4 aufgeführten Merkmale zu prüfen.

Zur Feststellung des Todes in zweifelhaften Fällen wird den ärztlichen Leichenschauern die Prüfung der elektrischen Erregbarkeit der Muskeln und Nerven empfohlen.

III.

Als Anzeichen einer gewaltsamen Todesart sind zu erachten:

1. bei Tötung durch äußere Verletzungen: Wunden, Anschwellungen, Blutunterlaufungen, bei Neugeborenen abgerissene oder ununterbundene Nabelschnur;
2. bei Tötung durch Erstickung: Eindrücke, Streifen oder Flecken im Gesichte oder am Halse, Aufgedunsenheit und Blaufärbung des Gesichtes, fremde Körper im Munde, Blutaustritte im Weißen der Augen;
3. bei Tötung durch Vergiftung: rasch erfolgter Tod, nach heftigen Leibschmerzen, Erbrechen, Durchfall, Krämpfen und Bewußtlosigkeit;
4. bei Vernachlässigung kleiner Kinder: äußerste Abmagerung, große Unreinlichkeit des Körpers, auffallend starkes Wundsein an den Oberschenkeln, Fersen 2c.

IV.

Läßt die Leichenschau den Verdacht des Scheintodes aufkommen, so hat der Leichenschauer, falls er nicht selbst Arzt ist, ungesäumt die Beiziehung eines approbierten Arztes zu veranlassen, damit die Sachlage festgestellt und das Nötige angeordnet werde. Inzwischen sind Belebungsversuche zu machen.

Die Belebungsmittel, welche in Anwendung zu kommen haben, sind:

1. Oeffnen der Fenster und Erwärmung des Zimmers;
2. Einleitung der künstlichen Atmung;
3. Auflegen erwärmter Senfteige auf der Brust und auf die Extremitäten;
4. Reiben mit weichen Bürsten, mit Essigtüchern, Kampfergeist, auch mit wollenen erwärmten Tüchern;
5. Reizung des Schlundes mit einer Feder;
6. Riechen an Salmiakgeist;
7. Zeitweises Einträufeln einiger Tropfen von Melissengeist oder einer ähnlichen Flüssigkeit in den Mund.

Die Anwendung dieser Mittel ist, sofern nicht inzwischen ärztliche Hilfe eintrifft, solange fortzusetzen, bis entweder der Scheintote in das Leben zurückkehrt und schluckt, wo ihm alsdann warme Fleischbrühe, Tee oder etwas Wein zu reichen ist, oder bis die gänzliche Erfolglosigkeit der Belebungsversuche außer Zweifel steht.

V.

Der Leichenschauschein ist nach dem anliegenden Formular I auszustellen[1]).

Der Gebrauch eines abweichenden Formulars ist nur mit Genehmigung des [Kgl.] Staatsministeriums des Innern zulässig[2]).

---

[1]) Siehe Seite 54.

[2]) Für die Landeshauptstadt München wurde durch MinE. vom 22. Dezember 1885 Nr. 16827 Ziff. 1 Buchst. b die Benützung des vorbezeichneten Leichenschauscheines unter Anfügung zweier weiterer Rubriken „Nummer des standesamtlichen Registers" und „Nummer des polizeilichen Sterbebuches" (siehe S. 55) für alle Leichen, mit Ausnahme der im ersten Lebensjahre verstorbenen Kinder, für welche das seitherige Formular auch künftighin anzuwenden ist, genehmigt.

Hinsichtlich der Einträge über Krankheit und Todesursache hat der Leichenschauer, soweit tunlich, von dem behandelnden Arzte Aufschluß und unterschriftliche Bestätigung zu erholen[1]). Ist dies nicht ausführbar oder hat eine ärztliche Behandlung nicht stattgefunden, so sind die bezüglichen Einträge auf Grund der Besichtigung der Leiche im Zusammenhalte mit den von den Angehörigen und gegebenenfalls von der Hebamme zu erlangenden Mitteilungen zu betätigen.

Unter allen Umständen muß aus dem Leichenschauscheine ersichtlich werden, ob die Benennung der Krankheit und der Todesursache von ärztlicher oder von nichtärztlicher Seite herrührt.

VI.[2])

I. Bei Todesfällen an Aussatz, Cholera, Fleckfieber, Pest, Pocken, Diphtherie (Krupp, Rachen- und Halsbräune), übertragbarer Genickstarre, Kindbettfieber (Wochenbett — Puerperalfieber), übertragbarer Ruhr, Scharlach (Scharlachfieber), Typhus (Unterleibstyphus), Wurmkrankheit (Anchylostomiasis), Milzbrand, Rotz, Tollwut, Trichinose, sogenannter Fleisch-, Fisch-, Wurstvergiftung (Paratyphus), an Lungen- oder Kehlkopftuberkulose (Lungen- oder Kehlkopfschwindsucht), ferner bei Todesfällen, die den Verdacht einer Erkrankung an Aussatz, Cholera, Fleckfieber, Gelbfieber, Pest, Pocken, Kindbettfieber, übertragbarer Ruhr, Typhus, Milzbrand, Rotz begründen, ist der Distriktspolizeibehörde[3]) gemäß § 1 des Reichsgesetzes vom 30. Juni 1900 (RGBl. S. 306) und der Verordnung vom 8. Mai 1911 (GVBl. S. 425) und gemäß §§ 1, 2 und 4 der Ministerialbekanntmachung vom 9. Mai 1911 (GVBl. S. 426) sofort auf dem in § 4 dieser Bekanntmachung vorgeschriebenen Formblatte Anzeige zu erstatten[4]).

---

[1]) Wer dem Leichenschauer über Zeit oder Art des Todes wissentlich falsche Angaben macht, wird nach Art. 60 Abs. II PStGB. bestraft.

[2]) In der Fassung der MinBek. vom 9. Mai 1911 (GVBl. 1911 S. 445).

[3]) Distriktspolizeibehörde: Nach der derzeitigen Begriffsangabe Bezirkspolizeibehörde.

[4]) Mit MinBek. vom 5. Januar 1914 (GVBl. 1914 S. 3) wurde bestimmt, daß die Leichenschauer auch jeden Todesfall an übertragbarer

II. Die gelegentlich der Leichenschau entdeckten medizinischen Pfuschereien sind der Distriktspolizeibehörde[1]) anzuzeigen.

VII.

Ueber alle vorgenommenen Leichenbesichtigungen hat der Leichenschauer ein Register nach Formular III zu führen[2]), welches am Ende des Jahres abzuschließen und dem [Kgl.] Bezirksarzte gegen Rückgabe zur Durchsicht vorzulegen ist.

Kinderlähmung (Poliomyelitis anterior acuta, Heine-Medinscher Krankheit) sofort der Distriktspolizeibehörde (nun: Bezirkspolizeibehörde) des Sterbeortes auf dem vorgeschriebenen Formblatt anzuzeigen haben. Nach MinBek. vom 15 Juli 1915 (GVBl. S. 536) haben die Leichenschauer auch jeden Todesfall an Rückfallfieber (febris recurrens), sowie jeden Todesfall, der den Verdacht dieser Erkrankung begründet, sofort der Distriktspolizeibehörde (nun: Bezirkspolizeibehörde) des Sterbeortes auf dem vorgeschriebenen Formblatt anzuzeigen.

Vorgeschriebenen Formblatt: Das Formblatt ist abgedruckt auf S. 58.

Auf Grund der MinBek. vom 21. Dezember 1899, Vollzug des Impfgesetzes betr. Buchst. E § 9, sind die Leichenschauer verpflichtet, jeden Todesfall, welcher als Folge der Impfung gemeldet wird, der Ortspolizeibehörde sofort anzuzeigen (GVBl. 1899 S. 1062). Wegen der Verwendung unfrankierter roter Briefumschläge bei Versendung dieser Anzeigen vgl. Anm. 4 zu § 9 S. 40 und S. 59.

[1]) Distriktspolizeibehörde: Nach der gegenwärtigen Begriffsangabe: Bezirkspolizeibehörde.

[2]) Siehe S. 60.

II. Anlagen zur Dienstanweisung für Leichenschauer.

Anlage 1. (Vgl. S. 49 Formular I.)

Leichenschauschein.

Register Nr. .... Monat .... Jahr .... Wohnort ....

Distriktspolizeibehörde [1]) .... Haus-Nr. (Straße) ....

Pfarrei: .... Standesamtsbezirk: ....

Familienname: .... Vorname: ....

Stand oder Beruf: ....

Alter: .... Jahre .... Monate Bei neugeborenen Kindern: .... Tage, ... Stunden Womöglich ist außer dem Alter zugleich anzugeben: Tag ...., Monat .... Jahr .... der Geburt	Familienstand: ledig, verheiratet, verwitwet .... Bei Kindern bis zum vollendeten 2. Lebensjahre ist anzugeben, ob ehelich oder unehelich ....

Religion: ....

Tag und Stunde des Todes: ....

Dauer der Krankheit: ....

Name der Krankheit [2]): ....
Todesursache [2]): ....

Nach wessen Angabe: ....

Name, wenn möglich Unterschrift des behandelnden Arztes oder Name der Hebamme: ....

Tag und Stunde der ersten Leichenschau: ....

---

[1]) Nun: Bezirkspolizeibehörde. (Art. 1 Abs. I des Gesetzes über die Selbstverwaltung vom 22. Mai 1919 — GVBl. 1919 S. 239 —.)

[2]) Vgl. hierher MinE. vom 14. Januar 1905 Verzeichnis von Krankheiten und Todesursachen betr. (MABl. 1905 S. 29 ff.), ferner das den Amtsärzten als Hilfsmittel bei der statistischen Zusammenstellung der Todesfälle zur Verfügung gestellte „Kurze Todesursachenverzeichnis", welches durch aut. MinE. vom 19. Dezember 1907 Nr. 28863 bezüglich der Todes- und Erkrankungsfälle an Blinddarmentzündung Aenderungen erlitten hat.

Tag und Stunde der zweiten Leichenschau:

....

Zulässige Beerdigungszeit: Zwischen ....

....

Bemerkungen:

Unterschrift des Leichenschauers:

a) nach Vornahme der 1. Leichenschau:

....

b) nach Vornahme der 2. Leichenschau:

....

(Anfügung für München).*)

Nr. .... des standesamtlichen Sterberegisters.	*) Siehe Anmerkung 2 Seite 49.	Nr. .... des polizeilichen Sterbebuches.

Anlage 2.

Totenschein

für Kinder im ersten Lebensjahre
gefertigt zu **München** am ....
um .... Uhr .... mittag.

1. Vor- und Zuname ....
2. Tag, Monat und Jahr der Geburt ....
....
3. Geburts-Ort ....
4. Religion ....
5. Ehelich oder außerehelich? ....
6. Beruf u. Erwerb der Eltern bezw. Mutter:
....
7. Das wievielte Kind derselben Mutter ist das verstorbene? ....
8. Wie viele Kinder derselben Mutter sind schon gestorben? ....
9. Alter { des Vaters .... Jahre
{ der Mutter .... "
10. Sterbezeit: Monat ....
Tag .... Stunde .... Uhr .... mittag.
11. Krankheit oder sonstige Todesursache: (nach Angabe des behandelnden Arztes, eventuell des Toten-Beschauers nebst Bemerkungen)
....
....
....
....

Bezirk .... Pfarrei ....
Straße .... Haus-Nr. ....
Vorder- oder Rückgebäude .... Stockwerk ....

Wenn das Kind zur Zeit der Erkrankung künstlich ernährt, früher aber gestillt wurde, so ist die Dauer des Stillgeschäftes in Wochen bezw. Monaten, sowie ferner anzugeben, ob Mutter- oder Ammen-Brust gereicht wurde:
....

Wurde der Schnuller angewendet?

13. Pflege-Verhältnisse:
das verstorbene Kind war
in der Pflege der eigenen Familie .... } durch Ja
in fremder Pflege .... } bzw. Nein zu beantw.
bei wem? Name und Stand der Pflege?
....
War das Kind reinlich gehalten? ....
14. Wohnungs-Verhältnisse:
Zahl der Zimmer in der Wohnung, in welcher der Sterbefall sich ereignete ....
Gesamtzahl der in der betr. Wohnung wohnenden Personen ....
Beschaffenheit der Wohnung: } ist dieselbe feucht? ....
} " " erst seit Kurzem (bis zu einem Jahre) bewohnt? ....

....

....

Dauer der Krankheit nach Tagen bezw. Wochen:

Dauer der ärztlichen Behandlung: ....

Unterschrift des behandelnden Arztes: ....

12. Ernährung des verstorbenen Kindes:

Die Ernährung war zur Zeit der Erkrankung des Kindes	ausschließlich an der Brust	Mutter-Brust Ammen-Brust	durch Ja zu bezeichnen
	ausschließlich künstlich womit?		
	gemischt, Brust und künstliche Nahrung	Mutter-Brust Ammen-Brust	durch Ja zu bezeichnen
		welche künstl. Nahrung?	

15. Fand Haus- oder Kirchen-Taufe statt?

....

Im Falle der Kirchen-Taufe Datum derselben?

....

16. Etwaige Bemerkungen der ersten Leichenschau und Unterschrift: ....

....

17. Bestimmte Beerdigungszeit:
Am ......ten .... 19......
.... Uhr ....

18. Tag und Stunde der zweiten Leichen-Beschau:

....

München, den .... 19......
.... Uhr ....
Unterschrift: ....
....

19. Nummer des polizeilichen Sterbebuches: ....

Nr. .... des standesamtlichen Sterberegisters.

Bemerkungen.

1. Die Frage: „wurde der Schnuller angewendet?“ ist nur dann mit „Ja“ zu beantworten, wenn derselbe zur Ernährung des Kindes verwendet wurde, nicht aber als Gummischnuller nur die Beruhigung desselben bezweckte.
2. Die Frage 15 bezüglich der Haus- und Kirchentaufe ist nur bei jenen Kindern zu beantworten, welche im Alter bis zu drei Monaten gestorben sind.

Anlage 3. Zu S. 50. Formblatt zu den Anzeigen übertragbarer Krankheiten gemäß Ziff. VI der Dienstanweisung für Leichenschauer.

Bezeichnung der Krankheit: ....

Des Erkrankten — Gestorbenen
- Ruf- und Familienname: ....
- Geschlecht: .... Alter: ....
- Familienstand (ob ledig, verheiratet oder verwitwet?) ....
- Beruf oder Gewerbe: ....
- Stelle der Beschäftigung: ....
- Gegenwärtiger Wohnort (Wohnung): ....
- und bei Wohnungswechsel neuer Wohnort (Wohnung): ....
- ....

Bei Kindern auch
- Name und Stand der Eltern: ....
- Angabe der besuchten Anstalt (Schule, Krippenanstalt usw.) und der besuchten Schulklasse: ....

Tag der Erkrankung — des Todes: ....

Angabe, ob Kinder aus dem Hausstande eine Anstalt (Schule, Krippenanstalt usw.) und welche besuchen: ....

....

....

....

....

Name und Wohnort (Wohnung) des zugezogenen Arztes (bei Kindbettfieber der zugezogenen Hebamme): ....

Etwa veranlaßte besondere Bemerkungen: Quelle der Ansteckung, Angabe, ob, wann und woher der Erkrankte zugereist war, ob er in ein Krankenhaus verbracht worden ist oder werden wird und in welches, Grund der Anzeige bei Tuberkulose (Wohnungswechsel, Wohnen in einer Unterrichts- oder Erziehungsanstalt, Besuch einer solchen Anstalt) usw.: ....

....

....

....

Name, Stand u. Wohnung des Anzeigenden[1]):

Ort: ....

den ....191 ....

[1]) § 4 der MinBek. vom 2. Mai 1911 (GBBl. 1911 S. 426).

Anlage 4. Zu S. 50[1]).

Raum für den Abdruck
des Dienstsiegels
der Polizeibehörde.

Pflichtanzeige
eines Krankheits-(Todes-)falls.

An

....

....

Portopflichtige
Dienstsache
vergl. Verkehrsministerialblatt
postdienstl. Teil 1911 Nr. 99.

in ....

....

[1]) Briefumschlag zum Formblatt Anlage 3, der von roter Farbe sein muß.

Anlage 5. (Vgl. S. 51 Formular III).

Leichenschauregister

Namen der zum Leichenschaubezirke gehörigen Gemeinden (Stadtbezirke)

....

Distriktspolizeibezirk:[1]) ....

Name, Stand und Wohnort des Leichenschauers:

....

Seite 2.

Lfd. Nr.	Familien- u. Vorname, Alter, Stand oder Beruf, Religion, ledig, verheiratet oder verwitwet	Wohn-ort	Ge-meinde	Standesamt	Monat Tag und Stunde des Todes	Tag u. Stunde der ersten Leichenschau	Tag u. Stunde der zweiten Leichenschau

Seite 3.

Zulässige Be-erdigungs-zeit	Name der Krankheit, Dauer derselben; ob nach Angabe des Arztes oder der Angehörigen	Name des behan-delnden Arztes	Ohne ärztliche Hilfe	Bemerkungen
				[2])

[1]) Nun: Bezirkspolizeibezirk.

[2]) Wenn aus einem besonderen Anlasse, z. B. wegen ansteckender Krankheit, Anzeige an die Polizeibehörde erstattet wurde, so ist dies hier zu bemerken. Ferner ist in jenen Fällen, in welchen begutachtet wurde, die Beerdigung vor Ablauf von 48 Stunden zu gestatten — § 10 Ziff. 1 der Leichenschauordnung — der Grund hier anzugeben.

Anlage 6.

Schriftliche Anzeige eines Sterbefalles[1]).

Es wird hiemit zur Anzeige gebracht, daß

1) Vor- und Familienname des Verstorbenen:	1) Felix Schmitt, (Anna Kaiser)
2) ob ledig, verheiratet oder verwitwet; Stand oder Gewerbe des Verstorbenen, Vor- und Familienname, Stand oder Gewerbe des Ehegatten:	2) lediger Dienstknecht (Schreinermeister) verehelicht mit N. N., jedoch geschieden, oder Schreinermeister, verehelicht gewesen mit der verstorbenen N. N., oder bei Frauen: Ehefrau oder Witwe des Schreinermeisters Felix Schmitt,
3) Wohnort, Geburtsort und Heimat[2]) des Verstorbenen (Gemeinde und Behörde):	3) geboren, wohnhaft und heimatberechtigt[2]) zu Westheim, [Kgl.] Bezirksamts Haßfurt, (geboren in Westheim, [Kgl.] Bezirksamts Haßfurt, wohnhaft und heimatberechtigt[2]) in Ansbach),
4) Alter:	4) 42 Jahre alt,
5) Religion:	5) katholisch, (protestantisch rc.),
6) Vor- und Familienname, Stand oder Gewerbe der Eltern des Verstorbenen:	6) Sohn des Maurers N. N., in X. [Kgl.] Bezirksamts N., und seiner Ehefrau N. N. (Sohn der ledigen verstorbenen Näherin N. N. in X.),
7) Tag, Monat, Jahr, Tageszeit und Stunde des erfolgten Todes:	7) am dritten Februar eintausendneunhundertundfünfzwanzig Nachmittags vier Uhr,
8) Anstalt, in welcher der Tod erfolgte:	8) in der Gefangenanstalt L. verstorben ist.
9) Fertigung:	9) L. . . ., am 4. Februar 1925. Die [Kgl.] Verwaltung der Gefangenanstalt L. (L. S.) N. Direktor oder Aus Auftrag des Vorstandes (L. S.) N.

[1]) Vgl. MinEntschl. vom 13. Dezember 1875 (MABl. 1875 S. 713) und oben S. 3 u. 5.

[2]) Infolge Aufhebung der Heimatgesetzgebung entfällt der Begriff „Heimat“ und „Heimatberechtigung“.

III.

Bekanntmachung des Kgl. Staatsministeriums des Innern vom 17. Februar 1888,

die Beförderung von Leichen betr.

(GVBl. 1888 S. 123 ff.) mit den durch die Ministerialbekanntmachungen vom 19. November 1902 (GVBl. 1902 S. 706 f.), vom 23. April 1907 (GVBl. 1907 S. 242), vom 16. Februar 1914 (GVBl. 1914 S. 66) und vom 18. August 1919 (GVBl. S. 417) erfolgten Abänderungen.

Kgl. Staatsministerium des Innern.

In bezug auf die Verbringung von Leichen an einen anderen als den ordnungsmäßigen Ort der Beerdigung werden im Hinblick auf Art. 61 Abs. 1 Ziff. 1 und 3 des Polizeistrafgesetzbuches vom 26. Dezember 1871 und auf Grund der hierüber unter den Deutschen Bundesregierungen getroffenen Vereinbarung nachstehende Vorschriften erlassen:

§ 1.

I. Die Verbringung[1]) einer Leiche[2]) vom Sterbeorte nach einem anderen als dem ordnungsmäßigen Orte[3]) der Beerdigung darf nur auf Grund einer von der zuständigen

---

[1]) Die Verbringung: Bei der Bestimmung des frühesten Zeitpunktes einer solchen Verbringung einer Leiche ist die MinBek. vom 5. September 1914 (GVBl. 1914 S. 598) abgedruckt S. 67 f. zu beachten.

[2]) Einer Leiche: Auf die Beförderung von Leichenasche finden die nachstehenden Vorschriften keine Anwendung.

[3]) Ordnungsmäßigen Orte: Als ordnungsmäßiger Ort der Beerdigung ist derjenige zu erachten, an welchem die Leichen der an dem betreffenden Orte verstorbenen Bekenntnisgenossen des Verstorbenen zu beerdigen sind. Vgl. hierzu EVGH. Bd. 9 S. 439 f. Ziff. IV.

Behörde[1]) nach anliegendem Formular[2]) ausgestellten schriftlichen Bewilligung (Leichenpaß)[3]) erfolgen.

II. Zuständig zur Ausstellung des Leichenpasses ist in Bayern, vorbehaltlich der unten folgenden Bestimmung in § 10 Abs. 2, die Distriktspolizeibehörde[4]) bzw. der exponierte Bezirksamtsassessor[5]), in deren Bezirk der Sterbeort liegt.

III. Bei Leichentransporten, welche aus einem anderen Deutschen Bundesstaate kommen, ist ein Leichenpaß derjenigen Behörde erforderlich, welche nach den dortigen Bestimmungen zur Ausstellung zuständig ist.[6])

IV. Für Leichentransporte, welche aus dem Auslande kommen, kann, soweit nicht Vereinbarungen[7]) über die An-

---

[1]) Zuständigen Behörde: s. Abs. II des gegenwärtigen Paragraphen.

[2]) Formular: siehe S. 75. Für die Beförderung von Leichen auf Eisenbahnen und die Beförderung von Leichen auf dem Seewege sind die auf S. 76 u. 77 abgedruckten Formulare zu verwenden.

[3]) Leichenpaß: In jenen Fällen, in denen Militärpersonen in einer außerhalb des Weichbildes einer Garnisonsstadt gelegenen Garnisonsanstalt oder in der Nähe einer Garnisonsstadt mit Tod abgegangen und die Leichen nach bestehenden Militärvorschriften in die Garnison zu verbringen sind, ist, wenn diese Verbringung der Leichen von der Militärbehörde angeordnet wird, von dem vorgeschriebenen Leichenpasse abzusehen. In diesen Fällen wird für die entsprechende Einhaltung der Vorschriften in §§ 2, 4, 5 und 9 der MinBek. vom 17. Februar 1888, soweit jeweils einschlägig, seitens der Militärbehörde oder der Militärsanitätsorgane Sorge getragen. (AutMinE. vom 5. Mai 1895 Nr. 7715).

[4]) Die Distriktspolizeibehörde: Nach der jetzigen Begriffsangabe „Bezirkspolizeibehörde" Bezirksamt (§§ 1 und 2 der VO. vom 21. Dezember 1908 über die Bezirksämter (GVBl. 1908 S. 1122), in unmittelbaren Städten: Stadtrat (Art. 93 der GemO. vom 29. April 1869 und Art. 6 Abs. I des Gesetzes über die Selbstverwaltung vom 22. September 1919 (GVBl. 1919 S. 239); in München: Polizeidirektion (§ 15 der VO. vom 2. Oktober 1869, Weber Bd. VIII S. 338).

[5]) Der exponierte Bezirksamtsassessor. Nach der jetzigen Begriffsangabe: „Der Bezirksamtsaußensitz".

[6]) Bei Leichenbeförderungen, die aus einem anderen Bundesstaate kommen, ist ein Leichenpaß der dort zuständigen Behörde erforderlich: Ein Verzeichnis der zur Ausstellung von Leichenpässen in den einzelnen Bundesstaaten zuständigen Behörden und Dienststellen wurde durch RKB. vom 31. Oktober 1907 im Zentralblatt für das Deutsche Reich 1907 S. 542 veröffentlicht. Abs. III Buchst. a u. b dieser Bekanntmachung sind ersetzt durch RKB. vom 10. Januar und 14. März 1910 (ZentrBl. 1910 S. 14, S. 73).

[7]) Vereinbarungen wegen wechselseitiger Anerkennung von Leichenpässen wurden geschlossen: Mit Oesterreich-Ungarn: RKB.

erkennung der von ausländischen Behörden ausgestellten Leichenpässe bestehen, die Ausstellung des Leichenpasses durch diejenige zur Ausstellung von Leichenpässen befugte inländische (Deutsche) Behörde erfolgen, in deren Bezirk der Transport im Reichsgebiete beginnt. Auch können die Konsuln und diplomatischen Vertreter des Reichs vom Reichskanzler zur Ausstellung der Leichenpässe ermächtigt werden.

V. Die hiernach zur Ausstellung der Leichenpässe zuständigen Behörden werden vom Reichskanzler öffentlich bekanntgegeben werden.

§ 2.

I. Der Leichenpaß [1]) darf nur für solche Leichen erteilt werden, über welche die nachstehenden Ausweise geliefert worden sind:

a) ein beglaubigter Auszug aus dem Sterberegister; [2])

b) eine nach Anhörung des behandelnden Arztes und nach Vorlage des vorschriftsmäßigen Leichenschauscheines [3])

---

vom 2. April 1890 (ZentrBl. 1890 S. 78, Weber Bd. 20 S. 109), MinBek. vom 19. April 1890 (GVBl. 1890 S. 167), RKB. vom 9. Februar 1895 (RGBl. 1895 S. 139, Weber Bd. 23 S. 83), RKB. vom 15. Mai 1902 (RGBl. 1902 S. 137, 153), mit der Schweiz: RKB. vom 4. November 1908 (RGBl. 1908 S. 595), vom 21. Dezember 1909 (ZentrBl. 1909 S. 1500), mit Luxemburg: RKB. vom 29. Mai 1893 (RGBl. 1893 S. 189, Weber Bd. 22 S. 184).

Außerdem sind für Leichenbeförderungen, welche aus dem Auslande kommen, die diplomatischen Vertreter des Reichs, die Konsuln, zur Ausstellung von Leichenpässen ermächtigt worden.

Ueber die Beförderung von Leichen auf dem Seewege vgl. die MinBek. vom 9. April 1906 (GVBl. 1906 S. 165), vom 10. November 1909 (GVBl. 1909 S. 843) und vom 18. August 1919 (GVBl. 1919 S. 418).

[1]) Der Leichenpaß ist gebührenpflichtig. Art. 143 Abs. I Ziff. 3 des Kostengesetzes vom 16. Februar 1291/18. März 1922 in der Fassung der MinBek. vom 4. Januar 1924 (GVBl. S. 7), v. Schmidt, Anm. 17 Abs. 1 zu Art. 143 des Kostengesetzes.

[2]) Auszug aus dem Sterberegister: Dieser ist dem Antragsteller wieder zurückzugeben (s. Anm. 3).

[3]) Leichenschauscheines: Die Vorlage des Leichenschauscheines an den die Beerdigung vollziehenden Seelsorger ist hier in der Regel entbehrlich und kann durch die Vorlage des Leichenpasses ersetzt werden, da dieser nur auf Grund des dem Amtsarzte vorgelegten Leichenschauscheines ausgestellt wird und die zulässige Zeit der Beerdigung aus dem

ausgestellte Bescheinigung des beamteten Arztes[1]) über die Todesursache, sowie darüber, daß seiner Ueberzeugung nach der Beförderung der Leiche gesundheitliche Bedenken nicht entgegenstehen;

c) ein Ausweis darüber,[2]) in welcher Weise die Einsargung der Leiche entsprechend den nachstehenden Vorschriften (§§ 3—5) stattgefunden hat;

---

beglaubigten Sterberegisterauszuge ersehen werden kann. (MinE. vom 23. Juli 1908 Nr. 18301). Vgl. auch MinBek. vom 5. September 1914 über die Ueberführung von Leichen, Anm. 4 zu § 3 (S. 67).

[1]) Bescheinigung des beamteten Arztes: Für sie kann der Amtsarzt die in Ziff. 11 der Gebührenordnung für amtsärztliche Dienstleistungen (StA. 1924 Nr. 14) bezeichnete Gebühr (1—15 RM) beanspruchen. Außerdem ist der Stempel der Tarifstelle 42b des Stempelgesetzes (1 RM.) geschuldet. Ob die Bescheinigung mit einem förmlichen amtsärztlichen Zeugnis oder mittels einfacher Rückäußerung an das Bezirksamt erfolgt, begründet für den Anfall des Stempels keinen Unterschied. Vgl. v. Schmidt Anm. 2 zu Tarifstelle 42 des Stempelgesetzes.

Bei Leichenüberführungen, die von Kreisirrenanstalten oder von der Kreiskranken- und Pflegeanstalt Frankenthal ausgehen, sind die in § 2b vorgeschriebenen ärztlichen Bescheinigungen von den Anstaltsvorständen auszustellen. (AutMinEntschl. vom 21. Juni 1904 Nr. 13197).

Bei Leichenüberführungen, die von Universitätskliniken ausgehen, dürfen die in § 2b vorgeschriebenen ärztlichen Bescheinigungen anstatt von den beamteten Aerzten auch von den Vorständen der Krankenhäuser und Kliniken ausgestellt werden. (AutMinEntschl. vom 25. Mai 1910 Nr. 5362a 3). Die Ermächtigung ist nur den Vorständen der Universitätskrankenhäuser und Universitätskliniken erteilt. Assistenten dürfen die Bescheinigungen nicht ausstellen. Die Ausstellung durch Anstaltsärzte ist nur bei Behinderung der Vorstände und nur insoweit zulässig, als die Anstaltsärzte auch sonst mit der Vertretung der Vorstände in der Wahrnehmung der Vorstandsgeschäfte betraut sind. Soweit die Bescheinigungen nicht von den Vorständen oder deren Stellvertretern ausgestellt werden können, obliegt ihre Ausstellung den Bezirksärzten. (AutMin. Entschl. vom 16. März 1911 Nr. 5362a 1).

Für die Leichen solcher Militärpersonen, die in einem Militärlazarette oder in einer sonstigen unter einem Chefarzt stehenden militärischen Heilanstalt (Kurhaus, Genesungsheim) verstorben sind, werden die ärztlichen Bescheinigungen ausschließlich von den Chefärzten oder deren Stellvertretern ausgestellt. Die Stellvertreter haben die Befugnis nur, wenn sie zum aktiven Heere gehörende Militärärzte oder beamtete Aerzte sind. (AutMinEntschl. vom 12. September 1907 Nr. 20606).

[2]) Ein Ausweis darüber: Die bloße Bestätigung, daß die Einsargung nach den Vorschriften der §§ 3—5 der MinBek. vom 17. Februar 1888 stattgefunden hat, genügt nicht, sondern es muß ausdrücklich konstatiert sein, daß die Leiche entweder in einem hin-

d) in den Fällen des § 157 der Reichsstrafprozeßordnung vom 1. Februar 1877 [1]), die seitens der Staatsanwaltschaft oder des Amtsrichters ausgestellte schriftliche Genehmigung zur Beerdigung.

II. Die Nachweise zu **a** und **b** werden bezüglich der Leichen von Militärpersonen, welche ihr Standquartier nach eingetretener Mobilmachung verlassen hatten (§§ 1 und 2 der kaiserl. Verordnung vom 20. Januar 1879, Reichsgesetzblatt S. 5), durch eine Bescheinigung der zuständigen Militärbehörde oder Dienststelle über den Sterbefall unter Angabe der Todesursache und mit der Erklärung, daß nach ärztlichem Ermessen der Beförderung der Leiche gesundheitliche Bedenken nicht entgegenstehen, ersetzt.

§ 3.

I. Die Leiche muß in einem hinlänglich widerstandsfähigen Metallsarge [2]) luftdicht eingeschlossen [3]) und letzterer von einer hölzernen Umhüllung dergestalt umgeben sein, daß jede Verschiebung des Sarges innerhalb der Umhüllung verhindert wird.

---

länglich widerstandsfähigen Metallsarg durch Verlötung luftdicht eingeschlossen, letzterer von einer hölzernen Umhüllung umgeben und eine Verschiebung des Sarges innerhalb der Umhüllung verhindert ist oder sofern es sich um einen Transport nicht mittels Eisenbahn nur auf geringe Entfernung handelt, in einem einfachen Sarge aus hartem, eventuell weichem Holze mit gut ausgepichten Fugen, verwahrt ist. Auch ist genau anzugeben, wie den Vorschriften der §§ 4 und 5 der gegenwärtigen Bekanntmachung genügt ist.

Bei der Wichtigkeit der Sache ist darauf zu bestehen, daß die ortspolizeiliche Bestätigung über die Einsargung der Leiche nur auf Grund vorheriger Augenscheinseinnahme erteilt wird.

[1]) In den Fällen des § 157 der Reichsstrafprozeßordnung: Nun § 159 der Reichsstrafprozeßordnung in der vom 1. April 1924 ab geltenden Fassung (RGBl. 1924 Teil I S. 338).

[2]) Hinlänglich widerstandsfähigen Metallsarge: Es ist in Erwägung gekommen, ob es sich mit der Bestimmung in § 3 vereinbaren lasse, die Beförderung der Leichen auch dann zu gestatten, wenn die Einsargung zwar nur in einem hölzernen, jedoch vollständig mit Zinkblech ausgelegten und luftdicht verlöteten Sarge erfolgt ist. Die Einsargung in Holzsärgen, welche an der inneren Wand mit Zinkblech (etwa mittels Eisenstiften) bloß ausgekleidet sind, kann weder mit dem Wortlaute dieser Bestimmung noch mit dem derselben zugrunde liegenden

II. Erfolgt der Leichentransport nicht mittels Eisenbahn und nur auf geringe Entfernung, so kann die Distriktspolizeibehörde[1]) den Transport in einem einfachen Sarge von hartem Holze mit gut ausgepichten Fugen, oder auch, wenn die Leiche unmittelbar zum Friedhofe des Bestimmungsortes verbracht wird, in einem an den Fugen gut verpichten Sarge von weichem Holze gestatten. Das gleiche gilt, wenn eine Leiche in einem Kraftfahrzeuge, das für die Beförderung von Leichen eingerichtet ist und ausschließlich zu diesem Zwecke benützt wird, auf eine Entfernung von nicht über 120 km[3]) unter Aufsicht eines verlässigen Begleiters befördert wird.[4])

---

sanitätspolizeilichen Zwecke in Einklang gebracht werden, da sie nicht ausreichend erscheint, um ein Austreten flüssiger oder flüchtiger Leichenabsonderungen zuverlässig zu verhüten. Dagegen erscheint es angängig, den Transport der Leichen in einer solchen Einsargung zuzulassen, bei welcher dem Holzsarg eine luftdichte Zinkumhüllung der Leiche eingefügt ist, die an der inneren Holzwand fest anliegt, zugleich aber einen selbständigen Behälter darstellt, welcher nicht nur durchweg von dem Holzsarge umschlossen ist, sondern auch jederzeit zwecks Kontrollierung des hermetischen Verschlusses herausgenommen werden kann. (AutMinE. vom 25. Aug. 1897 Nr. 16296).

[3]) Luftdicht eingeschlossen: Zur Erzielung eines luftdichten Verschlusses der im Handel befindlichen Metallsärge genügt das bloße straffe Anziehen der Deckelverschraubung allein nicht, es ist vielmehr auch eine Verlötung des Deckels erforderlich.

[1]) Distriktspolizeibehörde: Nach der derzeitigen Begriffsangabe: Bezirkspolizeibehörde.

[2]) Das gleiche gilt: Dieser Satz wurde durch MinBek. vom 16. Febrnar 1914 (GVBl. 1914 S. 66) angefügt.

[3]) Von nicht über 120 km: Die Beförderung von Leichen in Kraftfahrzeugen über eine Entfernung von 120 km hinaus ist nicht allgemein verboten. Es ist in § 3 Abs. II lediglich bestimmt, daß die Beförderung von Leichen in hiefür besonders eingerichteten Kraftfahrzeugen innerhalb einer Entfernung von 120 km unter den erleichterten Auflagen des § 3 Abs. II vorgenommen werden kann. Darüber hinaus gelten die allgemeinen Vorschriften des § 3 Abs. I.

[4]) Die Einschließung in einen luftdicht verlöteten Metallsarg oder in einen vollständig verschlossenen Holzsarg schließt nach ärztlichem Gutachten die Fortdauer des Lebens aus wie die Beerdigung. Die Rücksicht, aus der bei der Beerdigung eine Mindestfrist nach Eintritt des Todes einzuhalten ist, trifft hiernach auch bei der Einschließung einer Leiche in einen solchen Sarg zu. Die Einschließung zum Zwecke der Ueberführung vom Sterbeorte nach einem anderen als dem ordnungsmäßigen Orte der Beerdigung kann deshalb erst nach Ablauf der Fristen erfolgen, die in § 10 der Oberpolizeilichen Vorschrift vom 20. November 1885 und in der Oberpolizeilichen Vorschrift vom 6. Dezember 1887

§ 4.

Der Boden des Sarges muß mit einer mindestens 5 cm hohen Schicht von Sägemehl, Holzkohlenpulver, Torfmull oder dergleichen bedeckt, und es muß diese Schicht mit fünfprozentiger Karbolsäurelösung*) reichlich besprengt sein.

§ 5.

I. In besonderen Fällen, z. B. für einen Transport von längerer Dauer oder in warmer Jahreszeit, kann von der zur Ausstellung des Leichenpasses zuständigen Behörde nach dem Gutachten des beamteten Arztes eine Behandlung der Leiche mit fäulniswidrigen Mitteln verlangt werden.

II. Diese Behandlung besteht gewöhnlich in einer Einwickelung der Leiche in Tücher, die mit fünfprozentiger Karbolsäurelösung getränkt sind. In schwereren Fällen muß außerdem durch Einbringen von gleicher Karbolsäurelösung in die Brust- und Bauchhöhle (auf die Leiche eines Erwachsenen mindestens ein Liter gerechnet) oder dergleichen für Unschädlichmachung der Leiche gesorgt werden.

(GVBl. S. 655 und 690) für die Beerdigung festgesetzt sind, also abgesehen von den Fällen des § 10 Ziff. 1 Abs. II, III, VI nicht vor 48 Stunden und mit Genehmigung der Ortspolizeibehörde nicht vor 36 Stunden nach dem Tode.

Die Ortspolizeibehörden werden jedoch ermächtigt, auch in andern Fällen als in denen des § 10 Ziff. 1 Abs. II, III, VI die Einsargung schon nach Ablauf von 24 Stunden nach dem Tode zu genehmigen, wenn nach Vornahme der ersten allgemeinen Leichenschau der Tod von einem Amtsarzt oder einem öffentlich angestellten Arzte einer öffentlichen Heil- und Pflegeanstalt, Krankenanstalt, Wohltätigkeitsanstalt, Strafanstalt oder ähnlichen Anstalt oder bei Todesfällen in militärischen Gebäuden von dem zuständigen Militärarzt auf Grund persönlicher Besichtigung der Leiche festgestellt und eine Bestätigung hierüber vorgewiesen worden ist. Diese Bestätigung ersetzt die zweite Leichenschau, soweit eine solche am Sterbeorte stattzufinden hat; die Vorlage der Bestätigung ersetzt zugleich die nach § 2 Abs. I b der MinBek. über die Beförderung von Leichen vom 17. Februar 1888 (GVBl. S. 123) vorgeschriebene Vorlage des Leichenschauscheins. (MinBek. vom 5. September 1914 über die Ueberführung von Leichen (GVBl. 1914 S. 598).

*) Ein Teil sogenannter verflüssigter Karbolsäure (acidum carbolicum liquefactum) ist in 18 Teilen Wasser unter häufigem Umrühren zu lösen.

§ 6.

I. Jedem Leichentransport ist ein Begleiter beizugeben; als Begleiter sind von der den Leichenpaß ausstellenden Behörde nur zuverlässige Personen zuzulassen.

II.[1]) Erfolgt der Leichentransport mittels Eisenbahn, so bedarf es auf der Eisenbahn einer Begleitung nicht, wenn als Bestimmungsort eine Eisenbahnstation bezeichnet ist und der Absender bei der Aufgabestation das schriftliche oder telegraphische Versprechen des Empfängers hinterlegt, daß dieser die Sendung sofort nach Empfang der bahnseitigen Benachrichtigung von ihrem Eintreffen abholen lassen werde. Bei Sendungen an Leichenverbrennungsanstalten und an Beerdigungsinstitute genügt es, wenn diese eine derartige Verpflichtung gegenüber der Eisenbahn in allgemeiner Form übernommen haben. Im übrigen wird auf die Bekanntmachung des Kgl. Staatsministeriums des Kgl. Hauses und des Aeußern vom 7. August d. J.[2]), die Einführung der Eisenbahn-Verkehrsordnung betreffend (GVBl. S. 460), hingewiesen.[3])

---

[1]) Abs. II wurde durch MinBek. vom 19. November 1902 (GVBl. 1902 S. 706) angefügt.

[2]) ds. Jrs. = 1902.

[3]) Vgl. MinBek. vom 25. Januar 1909, die Einführung der Eisenbahnverkehrsordnung in Bayern betr. (GVBl. 1909 S. 29), die aber gegenstandslos geworden ist, da mit Erlassung der Reichsverfassung (Art. 7 u. 91) und dem Uebergang der bayerischen Staatseisenbahn in das Eigentum und die Verwaltung des Reiches die Eisenbahnverkehrsordnung vom 23. Dezember 1908 (RGBl. 1909 S. 93) auch für die in Bayern gelegenen Eisenbahnen unmittelbare Geltung erlangt hat (MinBek. vom 28. April 1920 (GVBl. 1920 S. 172). Siehe nunmehr Deutscher Eisenbahn-, Personen- und Gepäcktarif Teil I S. 45 ff.

§ 45 der Eisenbahnverkehrsordnung bestimmt: „Begleitung ist nicht erforderlich, wenn der Bestimmungsort eine Eisenbahnstation ist und der Absender bei der Aufgabestation die schriftliche oder telegraphische Erklärung des Empfängers hinterlegt, daß er die Sendung sofort nach Empfang der Nachricht von ihrem Eintreffen abholen lassen werde. Bei Sendungen an Beerdigungs- und an Leichenverbrennungsanstalten ist diese Erklärung nicht erforderlich."

Verzeichnisse der Leichenverbrennungsanstalten und Beerdigungsinstitute, an welche die Leichen ohne Begleitung gesandt werden können, sind veröffentlicht mit: MinBek. vom 23. November 1902 (MABl. S. 599), 31. Dezember 1902 (MABl. 1903 S. 3), 24. Januar 1903 (MABl. S. 61), 8. Mai 1903 (MABl. S. 194),

§ 7.

Die vorstehenden Bestimmungen haben sinngemäße Anwendung zu finden, wenn bereits beerdigte Leichen[1]) wieder ausgegraben[2]) und an einen anderen Ort überführt werden

5. September 1903 (MABl. S. 393), 11. April 1905 (MABl. S. 127), 29. September 1905 (MABl. S. 486), 15. Februar 1906 (MABl. S. 82), 22. März 1906 (MABl. S. 113), 29. Dezember 1908 (MABl. S. 1909 S. 4).

[1]) Bereits beerdigte Leichen: Auf die Beförderung wieder ausgegrabener menschlicher Gebeine oder Knochenüberreste, welche infolge Abschlusses des Verwesungsprozesses die Eigenschaft einer „Leiche" nicht mehr besitzen, haben die Bestimmungen der gegenwärtigen Ministerialbekanntmachung keine Anwendung zu finden.

Darüber, ob im Einzelfalle die zu befördernden menschlichen Ueberreste nicht mehr als „Leiche" zu erachten sind, entscheidet die Distriktspolizeibehörde (nun Bezirkspolizeibehörde) des Ortes der Ausgrabung auf Grund entsprechender Erhebungen über den Zeitpunkt der Beerdigung und die Umtriebszeit des betreffenden Begräbnisplatzes nach Einvernahme des Amtsarztes. Gegebenenfalls ist auf Ansuchen amtliche Bestätigung darüber zu erteilen.

Wenn jedoch die Beförderung nach einem außerhalb Bayerns gelegenen Platze stattfinden soll, ist zuvor mit der Polizeibehörde des Bestimmungsortes unter Darlegung des Sachverhaltes behufs Zulassung des Transportes ins Benehmen zu treten. (AutMinE. vom 3. März 1897 Nr. 2789). Bei der Beförderung solcher menschlicher Leichenüberreste auf der Eisenbahn ist die Benützung eines Sarges zur Verpackung auszuschließen und im Frachtbriefe eine entsprechende Inhaltsangabe (menschliche Gebeine, menschliche Knochenüberreste ꝛc. ꝛc.) zu machen (Entschl. des Staatsministeriums des K. Hauses und des Aeußern vom 31. Januar 1897 Nr. 2978 II/96).

[2]) Wieder ausgegraben: Für die Ausgrabung und Ueberführung von Leichen, die innerhalb des Stadtgebietes München von einem Friedhof nach einem andern verbracht werden sollen, ist die Ausstellung eines Leichenpasses nach §§ 1 u. 7 nicht erforderlich. Es kann daher für diese Fälle die Verpflichtung zur Beibringung einer amtsärztlichen Bescheinigung nicht aus § 2 Abs. I b hergeleitet werden. Auch § 47 der Bekanntmachung über den bezirksärztlichen Dienst vom 23. Januar 1912 (MABl. S. 173) begründet eine solche Verpflichtung nicht. Diese Bestimmung bezieht sich allerdings auch auf die in Frage stehenden Ausgrabungen von Leichen zum Zwecke der Ueberführung nach einem Friedhof, der innerhalb der gleichen Gemeinde gelegen ist. Die genannte Bestimmung enthält aber nur eine Anweisung für den Amtsarzt. Eine Verpflichtung der Polizeibehörden, in allen diesen Fällen die Gutachtensabgabe des Amtsarztes herbeizuführen, kann hieraus nicht abgeleitet werden. Es bleibt vielmehr mangels einer anderweitigen ausdrücklichen Vorschrift der Ortspolizeibehörde überlassen, nach pflicht-

sollen. Die Ausstellung des Leichenpasses steht in solchen Fällen derjenigen Behörde (Distriktspolizeibehörde[1]), exponierter Bezirksamtsassessor)[2]) zu, in deren Bezirk der seitherige Bestattungsort liegt.

§ 8[3]).

Ist der Tod infolge von Cholera, Pest oder Pocken erfolgt[4]), so ist die Ueberführung der Leiche an einen andern

gemäßem Ermessen und in eigener Verantwortung zu entscheiden, ob im einzelnen Falle ein Gutachten des Amtsarztes erholt werden soll. Vom Standpunkt der öffentlichen Gesundheitspflege muß jedoch verlangt werden, daß ein amtsärztliches Gutachten in allen Fällen erholt wird, in denen eine Gesundheitsgefährdung nicht völlig ausgeschlossem ist. Dies wird in der Regel dann der Fall sein, wenn nach der Sachlage angenommen werden kann, daß die Verwesung einer Leiche noch nicht beendet ist. (AutMinEntschl. vom 31. März 1923 Nr. 5362 a 7.)

[1]) Distriktspolizeibehörde: Nach der jetzigen Begriffsangabe „Bezirkspolizeibehörde".

[2]) Exponierter Bezirksamtsassessor: nun: Bezirksamtsaußensitz.

[3]) Die gegenwärtige Fassung erhielt § 8 durch die MinBek. vom 18. August 1919 (GVBl. 1919 S. 417). Vgl. auch MinBek. vom gleichen Tage über die Beförderung von Leichen auf dem Seeweg (GVBl. 1919 S. 418). Zu diesen Bekanntmachungen wurde durch ME. vom 18. August 1919 (MABl. 1919 S. 194) betr. der bezirksärztliche Dienst, hier die Ueberführung von Leichen bekanntgegeben: Nach dem Ergebnisse der neueren Forschung wird das Fleckfieber nur durch Kleiderläuse übertragen. Da nach der luftdichten Einsargung einer Fleckfieberleiche in einem Metallbehälter, wie sie für die Beförderung von Leichen mit der Eisenbahn vorgeschrieben ist, etwa bei der Leiche noch befindliche lebende Läuse nicht nach außen gelangen können, ist eine Verbreitung von Fleckfieber durch eine solche Leichenüberführung nicht zu befürchten. Die Ueberführung der Leichen von Personen, die an Cholera, Pest oder Pocken gestorben sind, ist von den Bezirksärzten nicht zu begutachten. Bei Todesfällen an Diphtherie, Fleckfieber, Gelbfieber, Ruhr, Scharlach, Typhus, Milzbrand oder Rotz ist nach Lage des Falles zu entscheiden, ob die Ueberführung ohne Gefahr einer Verschleppung der Krankheit stattfinden kann. Bei Todesfällen an anderen übertragbaren Krankheiten ist ein Bedenken wegen der Todesursache nicht zu erheben. § 46 Abs. 2 der MinBek. vom 23. Januar 1912 über den bezirksärztl. Dienst (MABl. S. 173) wurde hiernach abgeändert.

[4]) Ist der Tod . . . erfolgt: Die Bestimmung in § 8 bezieht sich nicht lediglich auf den in § 7 der gegenwärtigen MinBek. behandelten Fall der Wiederausgrabung einer Leiche, hat vielmehr allgemeine Geltung und es kann daher die Ueberführung von Leichen an Cholera, Pest oder Pocken Verstorbener an einen anderen als den ordnungsmäßigen Ort der Beerdigung nur dann gestattet werden, wenn mindestens ein Jahr nach dem Tode verflossen ist.

als den ordnungsmäßigen Ort der Beerdigung nur dann zu gestatten, wenn mindestens ein Jahr nach dem Tode verflossen ist.

§ 9.

Von der Erteilung eines Leichenpasses ist von der ausfertigenden Behörde dem Pfarrer des Sterbeortes, sowie derjenigen Distriktspolizeibehörde [1]), in deren Bezirk die Leiche verbracht wird, Kenntnis zu geben.

§ 10.

I. Bei dem Transporte von Leichen, welche von Polizeibehörden, Krankenhäusern, Strafanstalten usw. an öffentliche Lehranstalten [2]) übersendet werden, bedarf es einer Begleitung nicht; auch genügt es, wenn solche Leichen in dicht verschlossenen Kisten verladen werden.

II. Bei Verbringung von Leichen aus den (Kgl.) Strafanstalten und Arbeitshäusern an die anatomischen Institute der (Kgl.) Universitäten zu München, Erlangen und Würzburg wird der Leichenpaß durch die Strafanstalts- bzw. Arbeitshausverwaltung nach gutachtlicher Einvernahme des Anstaltsarztes ausgefertigt. Die betreffende Verwaltung hat Einleitung zu treffen, daß die Leiche alsbald nach der Ankunft am Bestimmungsorte vom Eisenbahnhofe abgeholt werde.

III. Im übrigen sind auch bei diesen Leichenverbringungen die Vorschriften der §§ 2, 4, 5, 8 und 9 zu beachten.

§ 11.

Bei Ausstellung von Leichenpässen für Leichentransporte nach dem Auslande sind außer den vorstehenden Bestimmungen auch die von dem Deutschen Reiche mit ausländischen Regierungen hinsichtlich der Leichentransporte ab-

---

[1]) Distriktspolizeibehörde: vgl. Anm. 1 vor § 8.

[2]) An öffentliche Lehranstalten: Ueber Ablieferung von Leichen von Selbstmördern, Verunglückten und Armen an die medizinischen Lehranstalten vgl. aut. ME. vom 23. März 1908 Nr. 7317 und vom 18. April 1910 Nr. 5359/3.

geschlossenen Vereinbarungen zu beachten[1]). Soll der Transport einer Leiche in oder durch das Gebiet eines Staates erfolgen, mit welchem ein Uebereinkommen dieser Art nicht abgeschlossen ist, so darf der Leichenpaß nur unter der Voraussetzung erteilt werden, daß derjenige, welcher um die Erlaubnis zur Verbringung der Leiche ins Ausland nachsucht, die Zustimmung der betreffenden Regierung, in oder durch deren Gebiet der Transport stattfinden soll, sofort übergibt.

§ 12.

Bezüglich der Beförderung von Leichen auf Eisenbahnen sind außerdem die Bestimmungen des § 34 des Eisenbahn-Betriebsreglements vom 2. Juni 1874, in der revidierten Fassung der Bekanntmachung vom 12. Januar 1888 (GVBl. S. 68), maßgebend[2]).

---

[1]) Vereinbarungen: s. Anm. 7 zu § 1, oben S. 63.

Bei Leichenbeförderungen nach Oesterreich sind die von den Beteiligten zu bezeichnenden österreichischen Behörden I. Instanz (in den Städten: Magistrat oder Stadtrat, sonst Bezirkshauptmannschaft) in Kenntnis zu setzen. (Vgl. AutMinE. vom 9. Juni 1902 Nr. 13261),

[2]) Die Bestimmungen über die Beförderung von Leichen sind in der Eisenbahnverkehrsordnung (EVO.) Abschnitt VI §§ 44 mit 47 a enthalten. (Veröffentlicht im RGBl. 1909 S. 93 und im GVBl. 1909 S. 29).

Aenderungen und Ergänzungen bis 28. April 1920 sind veröffentlicht im G. u. VBl. für Bayern und im RGBl, vom 28. April 1920 an nur mehr im Reichsgesetzblatt (zu vgl. G. u. VBl. für Bayern 1920 S. 172). Seitenzahl und Gegenstand der Veröffentlichung sind im Inhaltsverzeichnis jeden Bandes unter dem Stichwort „Eisenbahnverkehrsordnung" angegeben.

Die Zusatzbestimmungen der Eisenbahn sind nur im „Deutscher Eisenbahn-Personen- u. Gepäcktarif" Teil I (letzte Ausgabe vom 15. April 1924) mit bisher 6 Nachträgen — Verlag von W. Büxenstein, Berlin SW. 48 — enthalten. Sie sind in lateinischem Druck den betreffenden Bestimmungen der EVO. angefügt.

Die derzeit maßgebenden Bestimmungen sind in § 9 (S. 17) dieses Buches niedergelegt.

§ 13.

I. Die vorstehenden Anordnungen treten mit dem 1. April 1888 in Kraft.

II. Gleichzeitig treten die Bekanntmachungen vom 27. September 1862 und vom 4. Mai 1864 (RegBl. S. 2245 bzw. 491) außer Wirksamkeit.

München, den 17. Februar 1888.

Frhr. v. Feilitzsch.

Der General-Sekretär.
Ministerialrat v. Nies.

Anlagen zur Bek., die Beförderung von Leichen betr.

Anlage 1.

Leichen-Paß

für Leichen, die nicht auf der Eisenbahn befördert werden.

Die nach Vorschrift eingesargte Leiche de .... am

.... ten .... 19 .... zu ......(Ort)......

an ......(Todesursache)...... verstorbenen ......(Alter)...... jährigen

......(Bei Kindern Stand der Eltern)......

soll mittelst .... von ....

über .... nach .... zur Bestattung

gebracht werden. Nachdem zu dieser Ueberführung dem Begleiter der

Leiche ......(Stand und Name)...... die Genehmigung erteilt worden ist, werden sämtliche Behörden, deren Bezirke durch diesen Leichentransport berührt werden, ersucht, denselben ungehindert und ohne Aufenthalt weitergehen zu lassen.

.... den .... ten .... 19 ....

(L. S.) (Unterschrift.)

Anlage 2.

Leichen-Paß
für Beförderungen auf der Eisenbahn[1]).

Die nach Vorschrift eingesargte Leiche de- .... am

.... ten .... 19 .... in (Ort) ....

an (Todesursache) .... verstorbenen (Alter) .... jährigen

(Stand, Vor- und Zuname des Verstorbenen, bei Kindern Stand der Eltern)
....

soll mit der Eisenbahn von ....

über .... nach .... zur Bestattung befördert werden. Nachdem diese Ueberführung der Leiche genehmigt worden ist, werden sämtliche Behörden, deren Bezirke durch den Transport berührt werden, ersucht, ihn ungehindert und ohne Aufenthalt weitergehen zu lassen.

...................................., den .... ten .... 19 ....

(Siegel) (Unterschrift)

---

[1]) RGBl. 1900 S. 146. Anlage A zu § 44 EVO. Deutscher Eisenbahn-Personen- und Gepäcktarif, Teil I S. 48.

Anlage 3.

Leichenpaß [1]).

Die nach Vorschrift eingesargte Leiche de.................... am

(Ort)

............ten .... 19 .... in ....

(Todesursache) (Alter)

an .... verstorbenen .... jährigen

(Stand, Vor- und Zuname des Verstorbenen, bei Kindern Stand der Eltern)

....

soll $\frac{\text{mit der Eisenbahn}}{\text{auf dem Seewege}}$ von ....

über .... nach .... und

$\frac{\text{auf dem Seewege}}{\text{mit der Eisenbahn}}$ von.................................... über ....

nach .... zur Bestattung befördert werden. Nachdem diese Ueberführung der Leiche genehmigt worden ist, werden sämtliche Behörden, deren Bezirke durch den Transport berührt werden, ersucht, ihn ungehindert und ohne Aufenthalt weitergehen zu lassen.

.................................., den ....ten .... 19 ....

(Siegel) (Unterschrift)

---

[1]) Dieses Muster hat bei Beförderung von Leichen auf dem Seewege zur Anwendung zu kommen. Es trifft gleichzeitig für die Seebeförderung und die in der Regel vorausgehende oder anschließende Eisenbahnbeförderung Vorsorge. GVBl. 1909 S. 843, Deutscher Eisenbahn-Personen- und Gepäcktarif Teil I S. 49.

IV.

Bekanntmachung der Staatsministerien der Justiz und des Innern vom 3. Oktober 1879,

das Verfahren und die Zuständigkeit bei Auffindung von Leichen betr.

(MABl. d. Innern 1879 S. 537 ff., JMBl. 1879 S. 1573 ff.)

Auf Grund des § 157 [1]) der RStPO. wird die gemeinschaftliche Bekanntmachung der unterfertigten Kgl. Staatsministerien vom 6. April 1863 über das Verfahren und die Zuständigkeit bei Auffindung von Leichen, dann die Entschließung des Kgl. Staatsministeriums des Innern vom 3. Januar 1867, das Verfahren bei Auffindung von Leichen und bei körperlichen Verletzungen in Straf- oder Polizeianstalten betreffend, hiemit außer Wirksamkeit gesetzt und an deren Stelle angeordnet, was folgt:

I. Bei Auffindung einer Leiche [2]) hat die Ortspolizeibehörde [3]) ungesäumt für die Bewachung oder sichere Unterbringung [4]) des Leichnams Sorge zu tragen und darauf Be-

---

[1]) Des § 157 RStPO.: nun § 159 der Strafprozeßordnung in der vom 1. April 1924 ab geltenden Fassung. (RGBl. 1924 Teil I S. 338.)

[2]) Bei Auffindung einer Leiche: Ueber die Tätigkeit der Gendarmerie vgl. §§ 52 mit 54 der Dienstvorschrift für die Gendarmerie vom 18. Juli 1922. (MABl. 1922 S. 241 ff.)

[3]) Die Ortspolizeibehörde: Diese hat auch den Leichenschauer zu verständigen. Vgl. MinE. vom 15. Februar 1903 (JMABl. 1903 S. 96) und Anm. 3 zu § 8 der oberpolizeilichen Vorschriften vom 20. November 1885, s. S. 39.

[4]) Bewachung oder sichere Unterbringung: Hinsichtlich der Behandlung der auf die Bewachung oder sichere Unterbringung eines aufgefundenen Leichnams erwachsenen Kosten wurde mit gemeinschaftlicher Bekanntmachung der Staatsministerien der Justiz, des Innern und der Finanzen vom 15. Januar 1885 (Amtsblatt des Staats-

dacht zu nehmen, daß die vorhandenen Spuren, welche zur Erforschung der Todesursache dienen können, ungeändert erhalten bleiben. Gleichzeitig hat die Ortspolizeibehörde von der stattgefundenen Auffindung unter Darlegung der in Erfahrung gebrachten Umstände nach Maßgabe der nachstehenden Bestimmungen an die zuständige Behörde [1]) schriftliche Anzeige [2]) zu erstatten.

II. Diese Anzeige ist:

1. wenn der Leichnam eines Unbekannten gefunden wird oder Anhaltspunkte dafür vorliegen, daß der Verlebte

---

ministeriums des Innern 1885 S. 37) zu Ziff. I der vorstehenden MinBek. angeordnet, was folgt:

1. In allen denjenigen Fällen, in welchen der Staatsanwalt oder der Amtsrichter, sei es aus Anlaß der gemäß Ziff. II Abs. 1 der angeführten Bekanntmachung unmittelbar an ihn gelangten ortspolizeilichen Anzeige von dem Auffinden einer Leiche oder nach Abgabe dieser Anzeige an ihn seitens der Distriktspolizeibehörde (nun: Bezirkspolizeibehörde) gemäß Ziff. III Abs. 2 oder der Staatsanwalt nach Uebersendung der von der Distriktspolizeibehörde (nun: Bezirkspolizeibehörde) erledigten Anzeige gemäß Ziff. V, irgend eine auf die Erforschung der Todesursache bezügliche Amtshandlung vornimmt, sind die vor dem Beginne der staatsanwaltschaftlichen oder amtsrichterlichen Tätigkeit erwachsenen Bewachungs- oder Unterbringungskosten ebenso zu behandeln, wie die durch die staatsanwaltschaftliche oder amtsrichterliche Tätigkeit selbst erwachsenen Kosten, nämlich als „Kosten in gerichtlichen Strafsachen".

2. In denjenigen Fällen dagegen, in welchen die Distriktspolizeibehörde (nun: Bezirkspolizeibehörde) die gemäß Ziff. II Abs. 2 an sie gelangte ortspolizeiliche Anzeige gemäß Ziff. III Abs. 1 selbst erledigt und zugleich der Staatsanwalt, nachdem die erledigte Anzeige gemäß Ziff. V ihm übersendet worden ist, zu einer eigenen Amtshandlung keinen Anlaß findet, sind die fraglichen Kosten, nachdem die Sache in diesen Fällen im administrativen Verfahren ihre vollständige Erledigung gefunden hat, nicht als „Kosten in gerichtlichen Strafsachen" zu betrachten, sondern als Kosten der Distriktspolizeiverwaltung (nun: Bezirkspolizeiverwaltung) zu behandeln und, soweit sie der Staatskasse zur Last fallen, auf den Etat des Staatsministeriums des Innern Ziff. XVII Kap. § 5 (nun: Ziff. II Kap. 3 des Haushaltes des Staatsministeriums des Innern) „Uebrige Ausgaben auf den Polizeidienst" zu verrechnen.

[1]) Zuständige Behörde: s. Ziff. II der gegenwärtigen MinBek.

[2]) Schriftliche Anzeige: Mit MinE. vom 3. April 1900 Nr. 8016 — MABl. 1900 S. 229 — wurden die Ortspolizeibehörden angewiesen, stets auf möglichste Beschleunigung Bedacht zu nehmen und namentlich, soviel als tunlich, sich des telegraphischen und telephonischen Verkehres zu bedienen. Eine Vorschrift, wonach von den Ortspolizeibehörden der zu erstattenden Anzeige der Leichenschauschein beizulegen ist, besteht nicht. Die Ortspolizeibehörden haben daher unbeschadet

eines nicht natürlichen Todes[1]) gestorben ist, sei es, daß der Tod durch eine strafbare Handlung eines Dritten oder durch Selbstmord oder sonst durch äußere Einwirkung herbeigeführt wurde, an den Staatsanwalt am Landgerichte, oder wenn die Anzeige erheblich schneller an den Sitz des Amtsrichters gelangen kann, an den Amtsrichter des Bezirkes,

---

der Vollständigkeit der Anzeige den Leichenschauschein zurückzubehalten oder der Anzeige nur eine Abschrift dieses Scheines beizulegen. (Aut. MinE. vom 23. Juli 1908 Nr. 18301). Die Ortspolizeibehörde hat auch der bei der Polizeidirektion München errichteten „Bayerischen Nachrichtenstelle für Vermißte und unbekannte Tote" (MinE. vom 17. August 1920 — MABl. 1920 S. 295 —) umgehend Anzeige unter Verwendung des vorgeschriebenen Formblattes T (abgedruckt S. 86) Anzeige zu erstatten. Sie hat die Gendarmerie- und Polizeibeamten zu veranlassen, nach Einholung der Erlaubnis des zuständigen Staatsanwalts oder Amtsrichters alsbald Fingerabdrücke von der Leiche zu nehmen und die Fingerabdruckblätter an die Nachrichtenstelle einzusenden, von den Toten Lichtbilder, welche die Feststellung der Persönlichkeit zu erleichtern geeignet sind, anzufertigen und nachträglich an die Nachrichtenstelle zu senden. Notwendig ist stets ein Brustbild von vorne und von der rechten Seite. Im Bedarfsfalle sind die Amtsärzte zu ersuchen, bei unbekannten Leichen die sogenannte Leichentoillete vorzunehmen, damit die Erkennung durch ein Lichtbild leichter ermöglicht wird. Kleider und Stoffreste, Wäschezeichen, Uhren, Schmucksachen, Wertgegenstände usw. sind sorgfältig aufzubewahren. Auch nach Absendung der Anzeige haben die Polizeibehörden die örtliche Fahndungsarbeit fortzusetzen, die nach Sachlage gebotenen Maßnahmen in eigener Zuständigkeit zu treffen und die Nachrichtenstelle über neu hervortretende, für die Ermittlung oder Feststellung der Persönlichkeiten wichtige Tatsachen umgehend zu unterrichten. Wird die Persönlichkeit des unbekannten Toten anderweitig einwandfrei ermittelt, so ist dieses der Nachrichtenstelle mittels Formulars E (abgedruckt S. 89) mitzuteilen. (MinE. vom 17. August 1920 Ziff. II mit IV, MABl. 1920 S. 296 f.)

[1]) Nicht natürlichen Todes: Der Begriff der nicht natürlichen Todesfälle umfaßt nicht allein die durch eine strafbare Handlung verursachten Todesfälle, sondern auch alle diejenigen Fälle, in denen der Tod durch Selbstmord oder durch eine sonstige äußere Einwirkung veranlaßt worden ist. Es ist demnach in all den Fällen eine Anzeige an den Staatsanwalt oder an den Amtsrichter zu erstatten, in denen Anhaltspunkte für die Annahme eines ursächlichen Zusammenhanges zwischen dem Tode eines Menschen und einer äußeren Einwirkung vorhanden sind. Hiebei macht es keinen Unterschied, ob zwischen dem Tode im einzelnen Falle eine kürzere oder längere Zeit verstrichen ist oder ob der Tod unmittelbar anschließend an die äußere Einwirkung eingetreten ist.

2. wenn der Leichnam einer bekannten Person gefunden wird und kein Zweifel darüber besteht, daß dieselbe eines natürlichen Todes gestorben ist, an die Distriktspolizeibehörde[1]) zu übersenden.

III. Findet die Distriktspolizeibehörde[1]) keinen Grund, um an dem Eintritte eines natürlichen Todes zu zweifeln, so trifft sie, allenfalls nach Prüfung der eingelangten Anzeige durch das ärztliche oder wundärztliche Personal, die nach den Umständen gebotenen administrativen Anordnungen, soferne nicht zu diesem Zwecke vorerst weitere Erhebungen zu pflegen sind.

Gewährt jedoch die der Distriktspolizeibehörde[2]) zugekommene Anzeige keine hinreichenden Anhaltspunkte über die Todesursache und glaubt dieselbe aus irgend welchem Grunde, insbesondere, weil nach der einen oder anderen Richtung eine strafrechtliche Einschreitung veranlaßt scheint, die Annahme eines natürlichen Todes bezweifeln zu müssen, so gibt sie die Anzeige an den Staatsanwalt oder Amtsrichter ab.

IV. Der Staatsanwalt oder Amtsrichter hat, wenn eine Anzeige über Auffindung einer Leiche an ihn gelangt, vor allem die noch unbekannte oder nicht gehörig aufgeklärte Todesursache zu erforschen[3]) und im Falle der Notwendigkeit der Vornahme einer richterlichen Untersuchungshandlung

---

[1]) Distriktspolizeibehörde: Nach der derzeitigen Begriffsangabe Bezirkspolizeibehörde. Die Distriktspolizeibehörden (nun: Bezirkspolizeibehörden) haben stets auf möglichste Beschleunigung Bedacht zu nehmen und namentlich, soviel als tunlich, sich des telegraphischen oder telephonischen Verkehres zu bedienen. (MinE. vom 3. April 1900 Nr. 8016 — MABl. S. 229). Vgl. auch Anmerkung 3 unten, S. 82.

[2]) Distriktspolizeibehörde: S. Anm. 1.

[3]) Zu erforschen: Durch Entschließung des Staatsministeriums der Justiz vom 23. Februar 1900 (JMBl. 1900 S. 581) wurden die Behörden des Justizressorts darauf aufmerksam gemacht, daß sie die ihnen übertragenen Geschäfte mit der tunlichsten Beschleunigung erledigen müssen. Sie werden so viel es möglich und zulässig ist, dem schriftlichen Verkehre den Verkehr mittelst des Telegraphen oder Telephons vorzuziehen haben. Auch wird ihnen empfohlen, sobald die Genehmigung zur Beerdigung einer Leiche erteilt ist, die Ortspolizeibehörde, in deren Bezirk sich die Leiche befindet, davon zu benachrichtigen, daß ihr die schriftliche Bestätigung der Genehmigung unverzüglich erteilt wird.

(Augenschein, Besichtigung oder Oeffnung der Leiche ꝛc.)[1]) diese schleunigst zu veranlassen, bzw. selbst vorzunehmen.

Ergeben die vorgelegten oder weiter gepflogenen Ermittlungen, daß unzweifelhaft ein Unglücksfall oder Selbstmord vorliegt, oder doch keine ausreichenden Gründe zu einer weiteren strafrechtlichen Einschreitung gegeben sind, so erteilt der Staatsanwalt oder der Amtsrichter die Genehmigung zur Beerdigung.[2])

Ergibt sich dagegen Verdacht, daß der Tod durch irgend ein Verschulden einer dritten Person herbeigeführt worden sei, so ist nach Maßgabe der Strafprozeßgesetze weiter zu verfahren und die Genehmigung zur Beerdigung erst dann zu erteilen, wenn die bezüglich der Leiche etwa veranlaßten richterlichen Handlungen vorgenommen sind.

V. Sowohl die von der Distriktspolizeibehörde[3]) als die vom Amtsrichter erledigten Anzeigen über das Auffinden

---

[1]) Besichtigung oder Oeffnung der Leiche: Vgl. MinBek. vom 22. Mai 1915 die Vornahme der Leichenschau und Leichenöffnung im Strafverfahren betr. (JMABl. 1915 S. 44). Vorschriften für das Verfahren der Aerzte bei den gerichtlichen Untersuchungen von Leichen enthält die Beilage zum MABl. 1908 Nr. 14 und zum JMABl. 1908 Nr. 10 und die MinBek. vom 2. Mai 1924 (MABl. S. 94).

Ueber die Tätigkeit des Bezirksarztes vgl. § 74 der MinBek. vom 23. Januar 1912 über den bezirksärztlichen Dienst (MABl. 1912 S. 186).

[2]) Genehmigung zur Beerdigung: Ueber das vorgeschriebene Formular vgl. Ziff. VII der gegenwärtigen MinBek. Die Erteilung dieser Genehmigung obliegt dem Amtsrichter nicht nur dann, wenn die Anzeige von der Auffindung des Leichnams an ihn erstattet worden ist, sondern auch dann, wenn die Anzeige an den Staatsanwalt erstattet worden ist, auf dessen Antrag aber der Amtsrichter eine Untersuchungshandlung bezüglich des Todesfalles vorgenommen hat, soferne nicht der Staatsanwalt die Erteilung der Genehmigung ausdrücklich sich vorbehalten hat. Vgl. auch Anm. 3 unten. (AutMinE. des Staatsministeriums der Justiz vom 18. April 1898 Nr. 9069 — Reger-Dames, Personenstandsgesetz 4. Aufl. S. 343).

[3]) Distriktspolizeibehörde: Nach der derzeitigen Begriffsangabe: Bezirkspolizeibehörde. Die Erteilung einer Beerdigungsbewilligung kommt der Bezirkspolizeibehörde nie zu; bei Auffindung des Leichnams einer bekannten und zweifellos eines natürlichen Todes verstorbenen Person ist die Bezirkspolizeibehörde die zuständige Behörde, auf Grund deren schriftlicher Mitteilung die Eintragung des Todesfalles in das Sterberegister gemäß § 58 Abs. II des Personenstandsgesetzes erfolgt. (Vgl. hieher Reger-Dames a. a. O. § 58 Anm. 2 und 3).

von Leichen [1]) sind dem Staatsanwalt am Landgerichte zu übersenden.

VI. Bei Auffindungen von Leichen in Zuchthäusern, Gefangenanstalten, Arbeitshäusern und Staatserziehungsanstalten kommen die in der gegenwärtigen Bekanntmachung den Orts- und Distriktspolizeibehörden [2]) übertragenen Befugnisse und Verpflichtungen dem Anstaltsvorstande zu.

VII. Die Genehmigung zur Beerdigung einer aufgefundenen Leiche wird unter Benützung des beigedruckten Formulars [3]) erteilt. [4])

München, den 3. Oktober 1879.

v. Pfeufer. Dr. v. Fäustle.

Der General-Sekretär,
Ministerialrat v. Röckelein.

In allen denjenigen Fällen, in welchen die Todesfallsanzeige an den Staatsanwalt oder den Amtsrichter gelangt, erscheint auch der Staatsanwalt oder der Amtsrichter als diejenige Behörde, welche mit der amtlichen Ermittelung über den Todesfall befaßt ist und es steht dessen Zuständigkeit zur Mitteilung an den Standesbeamten gemäß § 58 Abs. II des Personenstandsgesetzes unbedingt fest. Diese Zuständigkeit ist selbst bei bloßer Kenntnisnahme und Würdigung einer solchen Anzeige gegeben. Die Mitteilung an den Standesbeamten (des Bezirkes, in dem die Leiche gefunden wurde, bzw. der Tod erfolgt ist), hat stets von der Behörde auszugehen, welche die Genehmigung zur Beerdigung erteilt und sie muß auch dann erfolgen, wenn der Bürgermeister, welcher den Sterbefall angezeigt hat und an welchen der Beerdigungsschein gelangt ist, selbst der einschlägige Standesbeamte ist. (Entschl. des Staatsministeriums der Justiz vom 16. Juli 1880 abgedruckt bei Weber Bd. 14 S. 532.)

[1]) Auffinden von Leichen: Ueber Ausschreibungen im bayer. Polizeiblatt siehe Plan für das bayer. Polizeiblatt vom 16. Januar 1914 § 12 Ziff. 3 Buchst. b (Bayer. Polizeiblatt, herausgegeben von der Polizeidirektion München, 1914 Nr. 9).

[2]) Distriktspolizeibehörden: Nach der derzeitigen Begriffsangabe: Bezirkspolizeibehörden.

[3]) Abgedruckt S. 84.

[4]) Die Eintragung in das standesamtliche Sterberegister hat auf Grund der schriftlichen Mitteilung der mit der Ermittelung des Todesfalles befaßten Behörde zu erfolgen. Vgl. MinE. vom 6. Dezember 1876 — MABl. 1876 S. 529 und oben S. 14.

Formular zu Ziff. VII.

Num. .... am .... ten .... 19..........

[Kgl.] ....

....

Betreff:

Beerdigung der Leiche d ....

....

Gemäß § 157 der Reichsstrafprozeßordnung[1]) und Ziff. .... Abs. .... der Bekanntmachung der Staatsministerien der Justiz und des Innern vom 3. Oktober 1879, das Verfahren und die Zuständigkeit bei Auffindung von Leichen betreffend, wird die Genehmigung zur Beerdigung der in ....

....

aufgefundenen Leiche de ....

....

....

hiemit erteilt.

Der ....

[1]) Nun: § 159 der Reichsstrafprozeßordnung in der vom 1. April 1924 geltenden Fassung (RGBl. 1924 Teil I S. 338).

Formular zu S. 83 Anm. 4.

Mitteilung eines Todesfalles.

Betreff:

Auf Grund des § 58 des Reichsgesetzes vom 6. Februar 1875 über die Beurkundung des Personenstandes und die Eheschließung wird infolge amtlicher Ermittelung Nachstehendes mitgeteilt:

1. Vor- und Familien-Name des Verstorbenen;
2. ob ledig, verheiratet oder verwitwet; Stand oder Gewerbe des Verstorbenen; Vor- und Familien-Name, Stand oder Gewerbe des Ehegatten;
3. Wohnort, Geburtsort und Heimat [1]) des Verstorbenen (Gemeinde und Behörde);
4. Alter;
5. Religion;
6. Vor- und Familien-Name, Stand oder Gewerbe und Wohnort der Eltern des Verstorbenen;
7. Tag, Monat, Jahr, Tageszeit und Stunde des erfolgten Todes;
8. Ort, wo der Tod erfolgte, beziehungsweise wo die Leiche aufgefunden wurde;
9. Fertigung.

---

[1]) Infolge Aufhebung der Heimatgesetzgebung entfällt der Begriff: „Heimat".

Zu S. 80 **Formblatt T.**

An die Polizeidirektion

München

Nachrichtenstelle für Vermißte und unbekannte Tote.

Anzeige

über die Auffindung eines unbek. $\frac{\text{männlichen}}{\text{weiblichen}}$ Toten.

Kurzer Tatbestand:

Ort (Bez.-Amt) **der Auffindung:** ....

Zeit der Auffindung: ....

Vermutliche Todesursache: ....

Vermutlicher Zeitpunkt des Eintritts des Todes: ....

....

Beschreibung:

(Das Zutreffende ist zu unterstreichen, nicht Vermerktes ist beizufügen).

Anscheinendes Alter: ....

Von Beruf vermutlich: ....

Größe in Zentimetern: ....

Gestalt: schwächlich, schlank, untersetzt, kräftig, stark.

Haare: a) Farbe: schwarz, braun, dunkelblond, hellblond, grau-meliert, weiß, rot.

b) Fülle: dicht, dünn.

Stirne: hoch, niedrig, **Glatze:** groß, klein.

Augen: blau, grau, braun, schwarz.

Augenbrauen: a) Farbe: ....

b) Form: bogenförmig, zusammengewachsen.

Nase: a) Rücken: eingebogen, geradlinig, ausgebogen, wellig.

b) Besonderheiten: klein, mittel, groß, dick, breit, spitz, Stumpf-, Adlernase.

Bart: a) Farbe: ....

b) Form: Spitz-, Voll- oder Schnurrbart, lang oder kurz geschnitten.

Mund: klein, mittel, groß, dünne oder aufgeworfene Lippen.

Zähne: vollständig, lückenhaft, plombiert, künstl. Gebiß.

Kinn: spitz, breit, Doppelkinn, Grübchen.

Ohren: klein, mittel, groß, abstehend, durchlocht.

Gesichtsbildung: länglich, breit, oval.

Hände: groß, klein.

Beine und Füße: große, kleine Füße, Plattfüße, X- oder O-Beine.

Besondere Kennzeichen:

Narben: ....

....

Tätowierung: ....

....

....

Andere Kennzeichen: ....
(fehlende Glieder 2c.)

....

....

....

Welche Geldmittel und Wertsachen, (Schmuck 2c.) **wurden aufgefunden?** ....

....

....

....

....

....

....

....

Bekleidung:

Kopfbedeckung: ....

Überzieher: ....

Rock: ....

Jakett: ....

Weste: ....

Hose: ....

Bluse: ....

Kleid: ....

Unterrock: ....

Strümpfe: ....

Schuhe: ....

Krawatte: ....

Wäsche: ....

....

....

Wäschezeichen:

Bemerkungen: ....

....

....

....

....

....

Aufgenommen in ....

am ....

durch ....

(Siegel)

Postkarte

An

die Polizeidirektion

München

Nachrichtenstelle für Vermißte und unbekannte Tote

Formblatt E

Formblatt E (Postkarte).

................................, den ....

Erledigung.

(Nichtzutreffendes ist zu durchstreichen.)

Die am .... eingesandte Anzeige über

a) d...... Vermißte..

b) die in .... aufgefundene männliche/weibliche

Leiche ist erledigt.

Bemerkung: a) D...... Vermißte ist zurückgekehrt — ist in ....

.... als Leiche aufgefunden worden.

b) Die aufgefundene Leiche ist festgestellt worden als die

d...... (Vor- und Zuname) ....

Geburtszeit und -Ort ....

(Siegel.) Beruf .... letzter Wohnort ....

(Unterschrift)

....

V.

Oberpolizeiliche Vorschriften über die Feuerbestattung vom 11. März 1920.

(GVBl. 1920 S. 57). Nr. 5366a 1.

Staatsministerium des Innern.

Das Staatsministerium des Innern erläßt auf Grund Art. 61 Abs. I Ziffer 3 des bayerischen Polizeistrafgesetzbuches folgende Vorschriften:

§ 1.

Menschliche Leichen dürfen nur in Feuerbestattungsanlagen eingeäschert werden, die von politischen Gemeinden betrieben werden.

§ 2.

Die Feuerbestattungsanlagen, ihre Einrichtung und ihr Betrieb müssen den bau-, feuer- und gesundheitspolizeilichen Anforderungen entsprechen.

Es muß Vorsorge getroffen sein, daß die Asche einer jeden Leiche möglichst rein und vollständig gewonnen und eine Vermengung mit anderen Stoffen oder eine Verwechslung tunlichst vermieden wird.

Zur Beisetzung von Aschenresten, die weder auf einem öffentlichen Friedhof noch in einer sonstigen nach Art. 61 Abs. I Ziffer 2 PStGB. zugelassenen Bestattungsanlage beigesetzt werden, sind bei den Feuerbestattungsanlagen besondere Anlagen vorzusehen.

§ 3.

Feuerbestattungsanlagen dürfen — unbeschadet der nach Maßgabe der allgemeinen Vorschriften durch die zuständigen

Behörden vorzunehmenden Prüfung in bau- und feuerpolizeilicher Hinsicht — erst dann in Betrieb genommen werden, wenn die Regierung, Kammer des Innern, festgestellt hat, daß sie den gesundheitspolizeilichen und den in § 2 Abs. II und III vorgeschriebenen Anforderungen genügen.

§ 4.

Eine Leiche darf erst dann eingeäschert werden, wenn die Ortspolizeibehörde des Einäscherungsortes, in München der Stadtrat, die Feuerbestattung schriftlich genehmigt hat.

Die Genehmigung darf nur erteilt werden, wenn folgende Nachweise beigebracht sind:

1. die amtliche Sterbeurkunde;
2. eine amtsärztliche Bescheinigung über die Todesursache[1]);
3. der Nachweis, daß der Verstorbene die Feuerbestattung seiner Leiche angeordnet hat;
4. eine Bescheinigung der Ortspolizeibehörde des Sterbeortes oder des letzten Wohnortes, in München der Polizeidirektion, darüber, daß ihr Umstände, die den Verdacht der Herbeiführung des Todes durch eine strafbare Handlung begründen, nicht bekannt sind; in

---

[1]) Amtsärztliche Bescheinigung über die Todesursache: Die Ausstellung dieser Bescheinigung zählt zu den Dienstesaufgaben der Amtsärzte. (§ 8 Abs. II der Ziff. 4 und § 11 der VO. vom 9. Januar 1912 — GVBl. 1912 S. 7). Bei Dienstleistung auf Kosten der Ortsarmenverbände (nun: Ortsfürsorgeverbände — VO. vom 12. Januar 1925 — Bayer. Staatsanzeiger 1925 Nr. 9) steht den Amtsärzten keine Verrichtungsgebühr zu. Die Höhe der amtsärztlichen Gebühr für die Bescheinigung der Todesursache bei Feuerbestattungen bemißt sich nach den in § 3 Abs. II u. III und in Ziff. 1 und 11 der Gebührenordnung für amtsärztliche Dienstleistungen (VO. v. 15. 1. 24 — StA. 1924 Nr. 14 —) festgelegten Sätzen. Hiebei ist zu bemerken, daß in der Regel nur die Gebühr nach Ziff. 1 der Gebührenordnung in Ansatz zu kommen hat und dem Amtsarzt eine Gebühr nach Ziff. 11 daneben nur ausnahmsweise zusteht, wenn außer der Bescheinigung noch ein ausführlicheres Gutachten zu erstatten ist. Im Streitfall erfolgt die Festsetzung der für eine Dienstleistung zu gewährenden Beträge nach § 14 Abs. I der VO. vom 17. November 1902 (GVBl. 721) durch die mit der Angelegenheit befaßte Behörde, bei Meinungsverschiedenheiten kann nach Abs. II a. a. O. die Entscheidung der im Instanzenzug vorgesetzten Behörden angerufen werden. (Vgl. AutMinEntschl. vom 8. August 1923 Nr. 5366 a 11.)

den Fällen des § 157 Abs. I[1]) der Strafprozeßordnung ersetzt die nach Abs. II des § 157[1]) erteilte Genehmigung die Bescheinigung der Ortspolizeibehörde.

§ 5.

Der Nachweis, daß der Verstorbene die Feuerbestattung angeordnet hat (§ 4 Abs. II Ziff. 3), kann erbracht werden:

1. durch eine letztwillige Verfügung des Verstorbenen;
2. durch eine mündliche Erklärung des Verstorbenen, die von einer zur Führung eines öffentlichen Siegels berechtigten Person als in ihrer Gegenwart abgegeben beurkundet ist;
3. durch eine schriftliche, hinsichtlich der Unterschrift von einem bayerischen Notar beglaubigte Erklärung des Verstorbenen;
4. durch die mündliche, eidesstattliche Versicherung zweier eidesfähiger (§ 56 Nr. 1 und 2 StPO., § 393 Nr. 1 und 2 der ZPO.) Zeugen vor einem bayerischen Notar, daß der Verstorbene in ihrer Gegenwart den ausdrücklichen und ernstlichen Wunsch geäußert hat, eingeäschert zu werden.

Die Anordnung kann nicht durch einen Stellvertreter getroffen werden. Sie ist nur wirksam, wenn der Verstorbene sie nach vollendetem 16. Lebensjahre getroffen hat und zu der Zeit, in der er die Anordnung traf, nicht geschäftsunfähig[2]) war.

An die Stelle der Anordnung tritt:

1. der Antrag des Inhabers der elterlichen Gewalt, wenn der Verstorbene unter elterlicher Gewalt stand und das 16. Lebensjahr nicht vollendet hatte;
2. der Antrag des Vormundes und die Genehmigung des Vormundschaftsgerichts, wenn der Verstorbene unter Vormundschaft stand und nicht nach Absatz II fähig war, selbst eine Anordnung zu treffen.

---

[1]) Nun § 159 der Strafprozeßordnung in der vom 1. April 1924 ab geltenden Fassung (RGBl. 1924 Teil I S. 328). Siehe S. 78.

[2]) §§ 104 ff. BGB.

§ 6.

Die Aschenreste einer eingeäscherten Leiche müssen in einem besonderen, amtlich zu verschließenden Behälter entweder auf einem öffentlichen Friedhof oder in einer sonstigen nach Art. 61 Abs. I Ziff. 2 PStGB. zugelassenen Bestattungsanlage oder in den besonderen Anlagen der Feuerbestattungsanlage (§ 2 Abs. III) beigesetzt werden.

§ 7.

Die Vorschriften über die Beförderung von Leichen und über die Behandlung von Leichen der an ansteckenden Krankheiten verstorbenen Personen bleiben unberührt. Die Vorschriften über die Leichenschau und die Zeit der Beerdigung finden auf Leichen, die der Feuerbestattung zugeführt werden, entsprechende Anwendung. Doch ersetzt die nach § 2[1]) Abs. II Ziff. 2 vorzunehmende amtsärztliche Untersuchung die zweite Leichenschau.

§ 8.

Die Vorschriften treten mit dem Tage der Veröffentlichung im Gesetz- und Verordnungsblatt in Kraft. Die Oberpolizeilichen Vorschriften vom 28. Dezember 1912 — GVBl. Seite 1297 — werden vom gleichen Tage an aufgehoben.

München, den 11. März 1920.

Endres.

Bekanntmachung über die Feuerbestattung.

Staatsministerium des Innern.

Zum Vollzuge der Oberpolizeilichen Vorschriften über die Feuerbestattung vom 11. März 1920 erläßt das Staatsministerium des Innern folgende Bekanntmachung:

---

[1]) Richtig: nach § 4 Abs. II Z. 2.

1.

Zu § 1. Die Feuerbestattung darf nur in Anlagen erfolgen, die von politischen Gemeinden betrieben werden. Der Betrieb einer Feuerbestattungsanlage durch einen Verein oder Privatpersonen ist hienach unzulässig. Feuerbestattungsanlagen können auch allein und ohne Zusammenhang mit öffentlichen Friedhöfen errichtet werden.

Die Einäscherung menschlicher Leichen an anderen Orten und in anderen Anlagen ist verboten.

2.

Zu § 2. Die Zuständigkeit zur Prüfung der Anlage in bau- und feuerpolizeilicher Hinsicht bemißt sich nach den allgemeinen Vorschriften. Soweit eine Gemeinde zur Ausführung einer Feuerbestattungsanlage Schulden aufnehmen muß, kann auch eine Genehmigung der Gemeindeaufsichtsbehörde in Frage kommen.

Die Errichtung besonderer Anlagen zur Beisetzung von Aschenresten wird insbesondere in Frage kommen, wenn Feuerbestattungsanlagen für sich allein außerhalb öffentlicher Friedhöfe errichtet werden.

Es wird erwartet, daß die Feuerbestattungsanlagen in einer dem Zweck entsprechenden Würde ausgestaltet und insbesondere auch Räume für die Abhaltung von Trauerfeierlichkeiten bereitgestellt werden.

3.

Zu § 3. Die Feststellung, ob die Anlage in der Einrichtung und im Betrieb den gesundheitspolizeilichen und den in § 2 Abs. II und III gestellten Anforderungen genügt, insbesondere ob sie geeignet ist, eine möglichst reine und vollständige Gewinnung der Aschenreste zu gewährleisten sowie eine Vermengung mit anderen Stoffen und eine Verwechslung zu verhüten, obliegt der Regierung, Kammer des Innern. Da diese Eignung eine besondere Herstellung der Anlage, namentlich der Feuerräume erfordert und hienach auch für die bau- und feuerpolizeiliche Würdigung in Betracht kommt und da im übrigen die Prüfung in bau-, feuer- und gesundheitspolizeilicher Hinsicht zum Teil von den gleichen Gesichtspunkten auszugehen hat, so empfiehlt es sich, die Pläne und die Betriebsordnung der Anlage vor der Bescheidung der Verhandlung in bau- und feuerpolizeilicher Hinsicht und vor der etwa gebotenen staatsaufsichtlichen Würdigung der Regierung, Kammer des Innern, vorzulegen.

Die Regierung, Kammer des Innern, wird sich bei der Prüfung der Pläne und der Betriebsordnung der zuständigen technischen Beamten, unter Umständen auch noch anderer Sachverständiger, bedienen. Im allgemeinen hat sie bei der Prüfung nachstehende Gesichtspunkte zu beachten und die etwa erforderlichen Aenderungen und Ergänzungen der Anlagen und ihrer Betriebsordnungen zu veranlassen.

a) Bei der Prüfung der gesundheitlichen Seite ist vor allem darauf zu sehen, daß für die Aufbahrung der einzuäschernden Leichen, dann für eine etwa notwendig werdende Leichenöffnung und für die Leichen von Personen, die an einer übertragbaren Krankheit gestorben sind, unter sich gesonderte, nach Größe und Belichtung geeignete Räume mit entsprechenden Vorrichtungen für Lüftung und Abführung von Ausscheidungen bereitgestellt werden. Soweit solche Räume für der Erde zu übergebende Leichen zur Verfügung stehen und auch für einzuäschernde Leichen benützt werden können, hat es hiebei sein Bewenden. Bei der gesundheitlichen Würdigung ist auch eine etwaige Einwirkung der Anlage und ihres Betriebes auf die Nachbarschaft in Betracht zu ziehen. Durch Ausschluß von Brennstoffen, die Ruß und Rauch entwickeln und durch Aufführung eines genügend hohen Schornsteines wird eine belästigende und unter Umständen gesundheitsgefährliche Einwirkung auf die Nachbarschaft verhütet werden können.

b) Über die zur Einäscherung kommenden Leichen ist ein Verzeichnis zu führen. In dieses sind unter fortlaufenden Nummern Vor- und Zuname, Stand, Geburtstag, Geburtsort, Todestag, Todesort, letzter Wohnort des Verstorbenen, dann der Tag der Einäscherung und der Aufbewahrungsort der Aschenreste einzutragen. Die Nummer, die die Leiche in diesem Verzeichnis trägt, ist auf einem nicht zerstörbaren Schild aus feuerfestem

Ton einzuschlagen. Der Schild muß an dem Sarge, in dem die Leiche während der Einäscherung liegt, angebracht werden.

c) Die Einäscherung darf nicht unmittelbar durch Brennstoffe, sondern nur durch Zuführung heißer Luft in besonderen, von dem Feuerraume getrennten Kammern bewirkt werden. In jeder Einäscherungskammer darf jeweilig nur eine Leiche eingeäschert werden; die Einäscherung muß eine vollkommene sein und muß in ununterbrochener Folge vor sich gehen.

d) Die Aschenreste sind mit besonderen, nur für diesen Zweck bestimmten und zu verwendenden Geräten aus der Einäscherungskammer zu entfernen und nach der Abkühlung mit dem Tonschilde in einen widerstandsfähigen, luft- und wasserdichten Metallbehälter zu sammeln. Der Deckel des Behälters muß in den unteren Teil dichtschließend eingreifen.

Die Trennfuge ist nach der Schließung des Deckels zu verlöten und mit dem amtlichen Siegel der Gemeinde zu versehen. Auf dem Behältnisse oder dem Deckel oder auf einem aufzulötenden Kupferschild ist in haltbarer Weise (durch Einschlagen, Einätzen und dergl.) mit deutlicher Schrift anzubringen: die mit dem Verzeichnis und dem Tonschild in der Asche übereinstimmende Einäscherungsnummer, dann Vor- und Zuname, Stand, Ort, Tag und Jahr der Geburt, Tag und Jahr des Todes des Verstorbenen und Tag der Einäscherung seiner Leiche. [1]).

Wenn die Aschenreste alsbald nach der Feuerbestattung der Erde übergeben werden, dürfen sie auch in einem geeigneten Behältnis aus starker Pappe oder aus Holz gesammelt werden. Das Behältnis ist zu verschnüren und gemeindeamtlich zu plombieren. [2])

---

[1]) Nach AutMinEntschl. vom 9. Mai 1925 Nr. 5366 a 1/25 ist keine Erinnerung zu erheben, wenn statt der auf dem Aschenbehälter anzubringenden Aufschrift nur der Vor- und Zuname des Verstorbenen, die Nummer des Einäscherungsverzeichnisses und der Name der Gemeinde, in deren Feuerbestattungsanlage die Einäscherung erfolgt ist, in der vorgeschriebenen Weise an dem Aschenbehälter angebracht wird.

[2]) Abs. 3 wurde angefügt durch MinBek. vom 12. Januar 1923 — GVBl. 1923 S. 16. —

4.

§ 4 stellt die Voraussetzungen auf, durch die die Einäscherung im Einzelfall bedingt ist. Die Ortspolizeibehörde — in München der Stadtrat — darf die Genehmigung zur Feuerbestattung erst dann erteilen, wenn ihr die in § 4 Abs. II Ziff. 1—4 genannten Nachweise vorliegen. Im Falle des § 157 Abs. I[1]) der Strafprozeßordnung muß außerdem die schriftliche Genehmigung der Staatsanwaltschaft oder des Amtsrichters erteilt sein. Diese Genehmigung ersetzt zugleich die Bescheinigung der Ortspolizeibehörde nach § 4 Abs. II Ziff. 4, die mit dem dort vorgeschriebenen Inhalte in dem Falle, daß der Tod durch eine strafbare Handlung herbeigeführt worden ist, nicht ausgestellt werden könnte. Zu § 4.

Die Ortspolizeibehörden haben ein fortlaufendes Verzeichnis über die von ihnen erteilten Genehmigungen zur Einäscherung zu führen. Das Verzeichnis[2]) hat die gleichen Angaben zu enthalten wie das Verzeichnis über die ausgeführten Einäscherungen. Beide Verzeichnisse sind zur Prüfung der Richtigkeit von Zeit zu Zeit zu vergleichen.

Zu den einzelnen Ziffern des § 4 Abs. II und zu § 5 wird bemerkt:

a) die amtliche Sterbeurkunde besteht für die im Reichsgebiet verstorbenen Personen in einem beglaubigten Auszug aus dem Sterberegister.

b) Zuständig zur Ausstellung der amtsärztlichen Bescheinigung über die Todesursache ist der Landgerichtsarzt des Sterbeortes, wenn er an diesem Orte seinen Dienstsitz hat, außerdem der Bezirksarzt, in dessen Dienstbezirk der Sterbeort liegt. Doch darf die Bescheinigung auf Ansuchen auch von dem für den Ort der Einäscherungsstätte zuständigen Amtsarzt (dem Landgerichtsarzt oder dem Bezirksarzt, wenn sich am Ort der Einäscherungsstätte nicht der Dienstsitz eines Landgerichtsarztes befindet) ausgestellt werden.

Die amtsärztliche Bescheinigung ist auf Grund einer Besichtigung der Leiche auszustellen. Bei der Besichtigung der

[1]) Vgl. Anm. 1 S. 92.
[2]) Vgl. Ziff. 3b S. 95.

Anlage. Leiche und bei der Ausstellung der Bescheinigung ist nach der in der Anlage abgedruckten Anweisung zu verfahren. Ist der Verstorbene in einer dem Tode unmittelbar vorhergegangenen Krankheit ärztlich behandelt worden, so ist dem behandelnden Arzte Gelegenheit zu geben, der Leichenschau und einer etwaigen Leichenöffnung beizuwohnen. Ist der zuständige Amtsarzt zugleich der behandelnde Arzt, so ist die Bescheinigung auf Ersuchen von einem anderen Amtsarzt auszustellen.

Die Vergütung für die Leichenbesichtigung mit Ausstellung der Bescheinigung und für die etwaige Leichenöffnung mit Ausstellung der Bescheinigung bemißt sich nach der Gebührenordnung für amtsärztliche Dienstleistung bei Behörden vom 17. November 1902 bezw. 4. August 1910 — GVBl. S. 720 und 415 —[1]).

5.

Zu § 5. Die Form der letztwilligen Verfügung bemißt sich nach den Vorschriften des BGB. (s. insbesondere §§ 2231 und ff.). Zu den zur Führung eines öffentlichen Siegels berechtigten Personen gehört auch der Bürgermeister. Die Geschäftsfähigkeit und die elterliche Gewalt bemessen sich nach den Vorschriften des BGB. (§§ 104 und 105 und §§ 1626—1704).

Die Anordnungen beschränkt Geschäftsfähiger (§§ 106 und 114 BGB.) sind wirksam, soweit nicht Minderjährige unter 16 Jahren in Frage stehen. (§ 5 Abs. II).

Die Bescheinigung der Ortspolizeibehörde, daß ihr Umstände, die den Verdacht der Herbeiführung des Todes durch eine strafbare Handlung begründen, nicht bekannt sind, muß bei Todesfällen auf Reisen von der Ortspolizeibehörde des Sterbeortes und je nach den Umständen des Falles auch von der Ortspolizeibehörde des letzten Wohnortes ausgestellt sein. Bei Todesfällen auf hoher See muß die Bescheinigung vom Schiffsführer oder dessen Vertreter oder von der Polizeibehörde des Eingangshafens, bei Todesfällen auf Schiffen und Flößen der Binnenschiffahrt von der Polizei-

---

[1]) Nun vom 15. Januar 1924 (StA. 1924 Nr. 14). Vgl. Anm. 1 S. 91.

behörde der nächsten Anlandestelle ausgestellt sein. In München ist die Bescheinigung von der Polizeidirektion auszustellen.

6.

Die Vorschrift des § 6 entspricht Art. 61 Abs. I Ziff. 2 des PGB. Zu § 6.

Sie soll verhindern, daß über die Aschenreste in einer Weise verfügt wird, die der Pietät widerspricht oder eine Nachprüfung im Interesse der Strafrechtspflege vereiteln kann.

a) Die Aschenreste dürfen den Angehörigen nicht ausgehändigt werden.

Gegebenenfalls sind die Reste von der Verwaltung der Feuerbestattungsanlage unmittelbar an die Verwaltung der Bestattungsanlage, wo die Beisetzung erfolgen soll, und wenn eine nach Art. 61 Abs. I Ziffer 2 des Polizeistrafgesetzbuches zugelassene Bestattungsanlage in Frage kommt, an die für diese zuständige Verwaltung oder Ortspolizeibehörde zu übersenden.

Ob und an welchem Platze die Beisetzung von Aschenresten auf einem öffentlichen Friedhof zulässig ist, bestimmt die Körperschaft, der das Verfügungsrecht über die Friedhofanlage zusteht.

b) die amtliche Verschließung des Aschenbehälters soll die Identität der verwahrten Asche auch im Interesse der Strafrechtspflege gewährleisten; sie ist von den Bediensteten der Gemeinde auszuführen, die als Unternehmerin erscheint.

7.

Die Betriebsordnungen für die Feuerbestattungsanlagen haben mit den Oberpolizeilichen Vorschriften und den Vorschriften der Bekanntmachung übereinzustimmen. Im übrigen ist es den Gemeinden unbenommen, die Benützung ihrer Feuerbestattungsanlagen von weiteren Bedingungen abhängig zu machen.

§ 8.

Die Bekanntmachung über die Feuerbestattung vom 28. Dezember 1912 — GVBl. Seite 1299 ff. — tritt außer Kraft.

München, den 11. März 1920.

Endres.

Anlage zu Ziff. 4b der Ministerial-Bekanntmachung vom 11. März 1920 über die Feuerbestattung (GVBl. S. 59).

Anweisung

über das Verfahren bei der amtsärztlichen Leichenbesichtigung und bei der Ausstellung der amtsärztlichen Bescheinigung für die Feuerbestattung.

I. Allgemeine Bestimmungen.

1. Die amtsärztliche Leichenbesichtigung für die Feuerbestattung hat vornehmlich den Zweck, die Verschleierung einer strafbaren Handlung zu verhüten, mit der der Tod in Zusammenhang steht; bei der Leichenbesichtigung und der Leichenöffnung ist so vorzugehen, wie es dieser Zweck erfordert; dabei finden die Vorschriften für das Verfahren bei der gerichtlichen Untersuchung von Leichen — Beilage zu Nr. 14 des MABl. 1908 — in Abschnitt II entsprechende Anwendung. Die Leichenbesichtigung soll möglichst bald nach dem Tode, aber nicht vor der ersten allgemeinen Leichenschau vorgenommen werden.

2. Ergeben sich im Verlaufe der Leichenbesichtigung oder der Leichenöffnung Anhaltspunkte für Annahme eines nicht natürlichen Todes — s. § 157 der RStO.[1]) —, so ist nach § 9 Abs. II der Oberpolizeilichen Vorschriften über die Leichenschau und die Zeit der Beerdigung vom 20. November 1885 zu verfahren.

---

[1]) Vgl. Anm. 1 S. 92.

3. In allen Fällen, in denen die Staatsanwaltschaft oder der Amtsrichter nach § 157 der RStO.[1]) mit einem Todesfall befaßt worden ist, also auch in den Fällen, in denen die Staatsanwaltschaft oder der Amtsrichter schon auf Grund des Ergebnisses der ersten allgemeinen Leichenschau tätig geworden ist, darf die Leichenbesichtigung und die Leichenöffnung sowie die Ausstellung der Bescheinigung für die Feuerbestattung erst dann erfolgen, wenn die Staatsanwaltschaft oder der Amtsrichter die schriftliche Genehmigung zur Bestattung erteilt hat.

II. Verfahren im einzelnen.

1. Für das Verfahren sind, abgesehen von den Fällen der Nr. 1, 2 folgende Fälle zu unterscheiden:

a) Der Tod ist gewaltsam herbeigeführt worden und die Todesursache kann aus den Begleitumständen, unter denen der Tod erfolgt ist, oder aus den äußeren Verletzungen der Leiche ohne weiteres mit Sicherheit festgestellt werden. In diesen Fällen ist die Bescheinigung auf Grund der Leichenbesichtigung nach Erteilung der staatsanwaltschaftlichen oder gerichtlichen Genehmigung auszustellen.

b) Der Verstorbene ist in einer dem Tode unmittelbar vorausgegangenen Krankheit in ärztlicher Behandlung gestanden oder er hat sonst bei Gesundheitsstörungen regelmäßig den gleichen Arzt zugezogen. In diesen Fällen ist der behandelnde Arzt zur Abgabe einer Aeußerung über die Todesursache zu veranlassen. Gelangt der Amtsarzt auf Grund dieses Gutachtens und der eigenen Besichtigung der Leiche zu der Auffassung, daß eine natürliche Todesursache vorliegt, so hat er die Bescheinigung auszustellen.

c) Ein behandelnder Arzt ist nicht vorhanden oder er lehnt die Abgabe eines Gutachtens über die Todesursache ab, oder der Amtsarzt kann aus dem Gutachten und der eigenen Besichtigung der Leiche kein hinlänglich klares Bild darüber gewinnen, ob eine natürliche

[1]) Vgl. Anm. 1 S. 92.

Todesursache vorliegt. In diesen Fällen ist die Ausstellung der Bescheinigung zunächst zu verweigern und den Bestattungspflichtigen anheimzugeben, eine amtsärztliche Leichenöffnung zu beantragen. Wird der Antrag gestellt, so hat der Amtsarzt die Leichenöffnung vorzunehmen, die etwa veranlaßten wissenschaftlich-technischen Untersuchungen von Leichenteilen herbeizuführen und sodann die Bescheinigung zu erteilen. Hat bereits eine richterliche Leichenöffnung stattgefunden, so ist die Bescheinigung auf Grund der hierüber aufgenommenen Niederschrift nach Besichtigung der Leiche auszustellen.

2. In der Bescheinigung ist die Todesursache soweit möglich festzustellen. Alle Umstände, die den Schluß auf die angegebene Todesursache rechtfertigen, also die Begleitumstände, unter denen der Tod eingetreten ist, die Aeußerung des behandelnden Arztes, das Ergebnis der Leichenbesichtigung und der Leichenöffnung sind, soweit sie hiefür in Betracht kommen, in die Bescheinigung aufzunehmen. Ist die Aeußerung des behandelnden Arztes schriftlich abgegeben, so ist sie der Bescheinigung als Beilage anzufügen. Die Angaben über die Todesursachen sollen jedenfalls erkennen lassen, ob nach dem Urteile des Amtsarztes eine natürliche Todesursache vorliegt oder nicht. In den Fällen des § 157 der RStO.[1]) ist in der Bescheinigung ausdrücklich zu bemerken, daß die Staatsanwaltschaft oder der Amtsrichter die Genehmigung zur Bestattung erteilt hat.

---

[1]) Vgl. Anm. 1 S. 92.

VI.

Bezugsgesetzliche Bestimmungen.

A. Aus dem Reichsstrafgesetzbuche[1]).

§ 168.

Wer unbefugt eine Leiche aus dem Gewahrsam der dazu berechtigten Person wegnimmt, ingleichen wer unbefugt ein Grab zerstört oder beschädigt, oder wer an einem Grabe beschimpfenden Unfug verübt, wird mit Gefängnis bis zu 2 Jahren bestraft; auch kann auf Verlust der bürgerlichen Ehrenrechte erkannt werden.

§ 367 Ziff. 1 u. 2.

Mit Geldstrafe bis zu 150 Mark oder mit Haft wird bestraft:

1. wer ohne Vorwissen der Behörde einen Leichnam beerdigt oder beiseite schafft, oder wer unbefugt einen Teil einer Leiche aus dem Gewahrsam der dazu berechtigten Personen wegnimmt;
2. wer den polizeilichen Anordnungen über vorzeitige Beerdigungen entgegenhandelt.

B. Aus dem Polizeistrafgesetzbuche[1]).

Art. 24[2]).

Wer von . . . . . einem Todesfalle die ihm nach Gesetz oder Verordnung obliegende Anzeige nicht innerhalb der

---

[1]) Vgl. Reichsverordnung über Vermögensstrafen und Bußen vom 6. Februar 1924 (RGBl. Teil I S. 44).

[2]) Art. 24 hat insoweit Geltung, als die Anzeige von Todesfällen zu anderen als zu standesamtlichen Zwecken vorgeschrieben ist. Vgl. § 74 Abs. I Ziff. 2 des Personenstandsgesetzes, MinBek. vom 18. Dezember 1899 (MABl. 1899 S. 669 ff.)

vorgeschriebenen Frist macht, wird, insoferne nicht disziplinäre Ahndung stattfindet, an Geld bis zu 45 Mark gestraft.

Art. 43.

I. An Geld bis zu 30 Talern (nun bis zu 90 Mark) werden Totenbeschauer und Personen, welche aus dem Reinigen und Ankleiden der Leichen ein Gewerbe machen, bestraft, wenn sie bei Ausübung ihres Berufes von Todesfällen, welche den Verdacht eines gewaltsamen Todes erregen, Kenntnis erlangen und hievon nicht sogleich der Polizeibehörde Anzeige machen.

II. An Geld bis zu 50 Talern (nun bis zu 150 Mark) wird bestraft, wer, nachdem er bei der Oeffnung einer Leiche die Spuren eines an dem Verstorbenen verübten Verbrechens entdeckt hat, nicht sogleich mit der Oeffnung der Leiche einhält und der Polizeibehörde oder dem Staatsanwalte Anzeige macht.

Art. 60.

I. An Geld bis zu 30 Talern (nun bis zu 60 Mark) oder mit Haft bis zu dreißig Tagen wird bestraft, wer zu einer Leichenöffnung schreitet, ehe die vorgeschriebene erste Leichenschau stattgefunden hat und Kennzeichen des erfolgten Todes eingetreten sind.

II. An Geld bis 15 Talern (nun bis zu 45 Mark) wird bestraft, wer über die Zeit oder Art des eingetretenen Todes bei der Totenschau wissentlich falsche Angaben macht.

Art. 61.

I. An Geld bis zu 20 Talern (nun bis zu 60 Mark) oder mit Haft bis zu dreißig Tagen wird bestraft:

1. wer ohne Bewilligung der zuständigen Behörde eine Leiche von dem Sterbeorte an einen andern als den ordnungsgemäßen Ort der Beerdigung verbringt oder verbringen läßt oder den bei Erteilung der Bewilligung getroffenen polizeilichen Anordnungen zuwiderhandelt;
2. wer ohne Bewilligung der zuständigen Behörde eine Leiche an einem andern Orte, als auf einem öffentlichen Kirchhofe oder in einer besonderen gesetzlich zulässigen

oder polizeilich genehmigten Gruft oder Begräbnisstätte beerdigt oder beerdigen läßt;

3. wer den ortspolizeilichen Vorschriften oder in Ermangelung solcher den distriktspolizeilichen [1]) Anordnungen in bezug auf die Leichenordnung oder Beisetzung der Leichen in Leichenhäusern oder den oberpolizeilichen Vorschriften über Zeit, Ort und Art der Beerdigung, sowie über Verbringung von Leichen vom Sterbeorte an den außerhalb desselben befindlichen ordnungsmäßigen Begräbnisplatz zuwiderhandelt.

II. Totengräber, welche eine solche Uebertretung ausführen oder dazu Beihilfe leisten, oder welche den gesetzlichen Vorschriften oder den ihnen besonders bekannt gemachten Anordnungen der Polizeibehörde über Anlage, Tiefe, Ordnung und Oeffnung der Gräber zuwiderhandeln, sind an Geld bis zu 15 Talern (nun 45 Mark) oder mit Haft bis zu acht Tagen zu bestrafen.

III. Bei wiederholten Verfehlungen kann der Richter aussprechen, daß der Verurteilte für die Verrichtungen eines Totengräbers nicht mehr verwendet werden darf.

Art. 62.

Einer Geldstrafe bis zu 10 Talern (nun bis zu 30 Mark) unterliegt, wer gegen ortspolizeiliches Verbot Leichen öffentlich zur Schau stellt.

Art. 95.

Wer . . . . . . Friedhöfe . . . . aus Bosheit oder Mutwillen besudelt oder den zur Sicherstellung derselben erlassenen ober-, distrikts- [1]) oder ortspolizeilichen Vorschriften und Anordnungen zuwiderhandelt, wird an Geld bis zu 20 Talern (nun 60 Mark) oder mit Haft bis zu 14 Tagen bestraft.

Art. 152 Abs. II und III.

Abs. II. Einer Geldstrafe bis zu 15 Talern (nun bis zu 45 Mark) oder Haft bis zu acht Tagen unterliegen Per-

[1]) Nun: bezirkspolizeilichen.

sonen, welche sich mit .... dem Reinigen oder Ankleiden von Leichen oder mit Dienstleistungen bei Leichenfeierlichkeiten unbefugt und gewerbsmäßig befassen, insoferne für die betreffende Dienstleistung von der Gemeindebehörde ... Personen mit ausschließlicher Berechtigung aufgestellt sind [1]).

Abs. III. An Geld bis zu 15 Talern (nun 45 Mark) oder mit Haft bis zu acht Tagen werden Personen gestraft, welche von der Gemeindebehörde für die in Abs. II genannten Verrichtungen aufgestellt sind, wenn sie den durch ortspolizeiliche Vorschriften erlassenen Ordnungen für die betreffenden Verrichtungen zuwiderhandeln [2]).

---

[1]) Abs. II ist außer Wirksamkeit getreten. Vgl. S. 1.

[2]) Die Verrichtungen bei Sterbefällen und Leichenbegängnissen können nach Art. 152 Abs. III und 61 Abs. I Ziff. 3 des PStrGB. ortspolizeilich geregelt und es kann von der Gemeinde zugleich statutarisch bestimmt werden, daß nur die von ihr aufgestellten Personen zur Dienstleistung in den gemeindlichen Leichenhäusern und Friedhöfen zugelassen werden. Das Gewerbe solcher Personen fällt nicht unter § 37 der Reichsgewerbeordnung. (EVGH. Bd. 24 S. 271.)

Zu S. 54 Anm. 2.

Kurzes Todesursachenverzeichnis.

Hergestellt vom Kaiserlichen Gesundheitsamt.

Erläuterungen.

Die nachstehend durch Fettdruck und fortlaufende Zahlen hervorgehobenen Ueberschriften der einzelnen Abschnitte sind gleichlautend mit den in dem Erhebungsformulare: „Ausweis über die Geburts- und Sterblichkeitsverhältnisse in den Kreisen usw.“ aufgeführten Todesursachen.

Unter jeder so gekennzeichneten Ueberschrift sind diejenigen einzelnen Todesursachen angegeben, welche dem betreffenden Abschnitte zugerechnet werden sollen; Unterabschnitte sind im Druck durch Hervorhebung der zusammenfassenden Krankheitsnamen gekennzeichnet. Diese Einzelangaben sind dem: „Ausführliches Verzeichnis von Krankheiten und Todesursachen“ benannten Verzeichnisse — vgl. Abdruck im MABl. d. Innern 1905 S. 29ff. — entnommen, welches der Todesursachenstatistik im Deutschen Reiche eine breitere Unterlage geben soll; die einschlägigen Ziffern des ausführlichen Verzeichnisses sind in Klammern vorgesetzt.

In eckigen Klammern [ ] gedruckte Bezeichnungen kommen lediglich als ungenaue Krankheits-Diagnosen oder als Begleit- und Folgeerscheinungen von Krankheiten in Betracht und sind nur der Vollständigkeit halber mit aufgeführt worden.

Allgemeine Bemerkungen.

1. Wenn mehrere Krankheiten als Todesursachen angegeben sind, so ist der Todesfall in der Regel unter derjenigen Nummer zu zählen, welche das wahrscheinliche Grundleiden bezeichnet. Sind z. B. Nierenentzündung und Herzklappenfehler als Todesursachen angegeben, so ist der Todesfall unter Nr. 16 zu zählen. Nur wenn in solchem Falle das Grundleiden keine eigentliche Krankheit ist, soll es für die Statistik nicht berücksichtigt werden; so sind z. B. bei „Altersschwäche mit Bronchialkatarrh“ oder bei „Lebensschwäche mit Darmkatarrh“ die Fälle nicht unter Nr. 2 und Nr. 1, sondern unter Nr. 15 und Nr. 18a zu zählen.
2. Handelt es sich um zwei voneinander unabhängige Krankheiten, so soll der Fall bei der schwereren gezählt werden.

3. Wenn eine Infektionskrankheit und eine nicht übertragbare Krankheit als Todesursachen angegeben sind, so ist in der Regel die Infektionskrankheit zu zählen; wenn z. B. Geisteskrankheit und Typhus angegeben sind, der letztere.
4. Sind akute Krankheiten neben chronisch verlaufenden angegeben, so ist der Fall bei der akuten Krankheit zu zählen; z. B. wenn Magengeschwür und kruppöse Lungenentzündung angegeben sind, soll der Fall nicht unter Nr. 18b, sondern unter Nr. 12 eingetragen werden.
5. Sind zwei Infektionskrankheiten als Todesursachen angegeben, so haben die unter Nr. 3a, 4 bis 10, 12 und 13 genannten, sowie Pocken, Fleckfieber, Ruhr, Genickstarre, Cholera, Pest, Rückfallfieber den Vorrang vor einem etwa gleichzeitig genannten anderen Leiden, wie Tuberkulose, Malaria oder einem venerischen Leiden, d. h. der Fall wird unter der erstgenannten betreffenden Krankheit gezählt.
6. Gewaltsame Todesursachen gehen den anderen in der Regel vor.
7. Angaben, wie Herzschwäche, Herzschlag, Lungenlähmung, Lungenödem, Koma und dergl., bleiben, wenn daneben andere Todesursachen genannt sind, außer Betracht.
8. Sind bei der „Tuberkulose" mehrere Organe einschl. der Lungen als krank bezeichnet, so ist der Todesfall unter Nr. 11a zu zählen.

1.*) Angeborene Lebensschwäche und Bildungsfehler (im 1. Lebensmonat).

(1.) Angeborene Lebensschwäche, Debilitas et Asphyxia neonatorum, Atelectasis pulmonum (Mangel an Atembewegung) (im 1. Lebensmonat).

(2.) Bildungsfehler, Mißgeburt, Vitia primae formationis, z. B. angeborener Darmverschluß (Atresia ani), Gehirnbruch, Hasenscharte, Wolfsrachen, Spina bifida, gespaltenes Rückgrat, Rückenmarkwassersucht, andere Spaltbildungen usw., Doppelmißbildungen, Teratome, Steißgeschwulst usw. (im 1. Lebensmonat).

(3.) Zellgewebeverhärtung der Neugeborenen, Induratio telae cellulosae, Sklerema neonatorum; Bindgewebeverhärtung (im 1. Lebensmonat).

2.**) Altersschwäche (über 60 Jahre).

(7.) Altersschwäche, Marasmus senilis (im Alter über 60 Jahren).

---

*) Nach Ablauf des 1. Lebensmonats erfolgte Todesfälle sind unter Nr. 1, und zwar unter besonderer Hervorhebung, nur dann einzutragen, wenn ein örtliches Leiden nicht angegeben ist, sonst unter der diesem Leiden entsprechenden Ziffer, z. B. bei angeborenem Darmverschluß unter Nr. 18b.

**) Im Alter bis zu 60 Jahren erfolgte Todesfälle sind besonders hervorzuheben.

3. a) Kindbettfieber.

(42.) Kindbettfieber, Febris puerperalis, Wochenbettfieber; Pyämie im Wochenbett, Endometritis puerperalis; Entbindungsfieber, einschließlich Unterleibsentzündung während und nach der Geburt, Peritonitis puerperalis, Pelviperitonitis puerperalis.

b) Andere Folgen der Geburt (Fehlgeburt) oder des Kindbetts.

(9.) Bauchschwangerschaft, Graviditas extrauterina; abnorme Schwangerschaft; Schwangerschaft am unrechten Ort, ektopische Schwangerschaft; Tubenschwangerschaft.
(10.) Zufälle der Schwangerschaft, Morbi gravidarum: Blutungen in der Schwangerschaft; Placenta praevia, unstillbares Erbrechen.
(11.) Eklampsie der Schwangeren.
(12.) Eklampsie der Gebärenden und Wöchnerinnen.
(13.—17.) Folgen der Entbindung (mit Ausnahme von Kindbettfieber):
- (13.) Blutungen während der Geburt und im Wochenbett, Metrorrhagia, Haemorrhagia puerperalis.
- (14.) Phlegmasia alba dolens, Thrombosis puerperalis, Phlebitis puerperalis; Tetanus puerperalis.
- (15.) Zurückbleiben, Retention der Nachgeburt usw.
- (16.) Gebärmutterdurchreibung. Gebärmutterriß. Ruptura uteri.
- (17.) Erkrankung der Brüste.

(18.) Frühgeburt.
(19.) Fehlgeburt, Abortus.

4. Scharlach.

(22.) Scharlach:
- (22 a.) Scharlach, Scarlatina.
- (22 b.) Scharlach-Nierenentzündung.
- (22 c.) Scharlach-Bräune, Scharlach-Diphtherie.
- (22 d.) Scharlach-Sepsis.

5. Masern und Röteln.

(23.) Masern, Morbilli.
(24.) Röteln.

6. Diphtherie und Krupp.

(27.) Diphtherie.
- (27 a.) Diphtherie, diphtheritische Geschwüre; diphtherische Bräune; brandige Bräune; brandige Rachenentzündung; brandige Entzündung der Mundschleim-

haut; Diphtherie des Rachens, der Mandeln, der Nase, der Augen, Krupp, häutige Bräune; Angina membranacea; Laryngitis fibrinosa, Kehlkopfbräune; Luftröhrenbräune.
(27b.) Diphtherie der Haut, der äußeren Genitalien.
(27c.) Diphtherische Laryngostenose.
(27d.) Diphtherische Lähmungen.
(27e.) Diphtherie-Nierenentzündung.
(27f.) Diphtherie-Sepsis.

7. Keuchhusten.

(28.) Keuchhusten, Stickhusten, Tussis convulsiva, Pertussis.

8. Typhus.

(34.) Typhus, Abdominaltyphus, Typhus abdominalis, Typhoidfieber; Unterleibstyphus; Nervenfieber, typhöses Fieber [gastrisches Fieber, Febris gastrica].

9. Uebertragbare Tierkrankheiten (W. = Tollwut. Mb. = Milzbrand Rz. = Rotz. Tr. = Trichinose).*)

(52.) Milzbrand, Pustula maligna, Anthrax contagiosus, Milzbrandkarbunkel.
(53.) Rotzkrankheit, Malleus humidus.
(54.) Hundswut, Hydrophobia.
(58.) Trichinenkrankheit, Trichinosis.

10. a) Rose (Erysipel).

(39.) Rose, Erysipelas; Wander-, Blatter-, Haut-, Kopfrose; Rotlauf, Blasenrotlauf, phlegmonöses, brandiges Erysipel; Lymphangitis erysipelatosa.

b) Andere Wundinfektionskrankheiten.

(40.) Starrkrampf:
(40a.) Tetanus und Trismus; Kinnbackenkrampf, Mundklemme, Wundstarrkrampf, Tetanus und Trismus traumaticus.
(40b.) Tetanus neonatorum.
(41.) Blutvergiftung, Wundfieber, Eitervergiftung, Eiterfieber, Pyaemia, Septhämie, Septicämie, Fleischvergiftung, bazilläre (Fleischgift s. 21 (92a), Scharlach-Sepsis (s. 4 (22d), Diphtherie-Sepsis s. 6 (27f).

11. Tuberkulose.

(31.) Tuberkulose.
a) der Lungen (Lungenschwindsucht).**)

---

*) Etwaige Todesfälle an Tollwut W.), Milzbrand (Mb.), Rotz (Rz.) Trichinose (Tr.) sind hier einzutragen.

**) Beim Zusammentreffen von Tuberkulose der Lungen und anderer Organe ist die Eintragung unter Nr. 11a zu machen.

Galoppierende Schwindsucht ist je nach dem Sprachgebrauch unter Nr. 11a oder Nr. 11c einzutragen.

(31 a.) Lungenschwindsucht, Phthisis pulmonum; Schwindsucht; Tuberkulose; [Lungenabzehrung; hektisches Fieber, Zehrfieber]; galoppierende Schwindsucht, tuberkulöse Hämoptoë, Lungenblutsturz.

b) anderer Organe.

(31 b.) Halsschwindsucht, Kehlkopf-, Luftröhrenschwindsucht, Phthisis laryngea.

(31 c.) Drüsentuberkulose, tuberkulöse Drüsenleiden [Drüsenkrankheit; Drüsenanschwellung, Drüsenverhärtung, Drüsenfieber]; Skrofeln, Skrofulosis.

(31 d.) Hauttuberkulose; Lupus; fressende Flechte.

(31 e.) Knochen-, Gelenktuberkulose, kalter Abszeß, Tumor albus; Fungus genuum.

(31 f.) Tuberkulöse Hirnhautentzündung, Meningitis (Arachnitis) tuberculosa s. granulosa; akuter Hydrocephalus.

(31 g.) Solitärer Gehirntuberkel.

(31 h.) Unterleibsschwindsucht; Phthisis intestinalis; Darmschwindsucht, tuberkulöse Darmgeschwüre; Darmtuberkeln; tuberkulöse Bauchfellentzündung. Gekrösschwindsucht, Phithisis mesenterica (Tabes mesaraica).

(31 i.) Nierentuberkulose, Nephrophthisis.

(31 k.) Blasentuberkulose.

(31 l.) Tuberkulose der männlichen Geschlechtsorgane.

(31 m.) Tuberkulose der weiblichen Geschlechtsorgane.

(31 o.) Allgemeine Tuberkulose.

c) Akute allgemeine Miliartuberkulose.

(31 n.) Miliartuberkulose.

12. Lungenentzündung (Pneumonie).

(29.) Fibrinöse oder genuine (lobäre, kruppöse) Lungenentzündung (Pneumonie).

(157.) Katarrhalische (lobuläre) Lungenentzündung (Pneumonie), Bronchopneumonie.

(158.) Hypostatische Lungenentzündung (Pneumonie).

(159.) [Lungenentzündung (Pneumonie) ohne nähere Angabe.]

13. Influenza.

(30.) Grippe, Influenza.

14. Andere übertragbare Krankheiten (P. = Pocken, F. = Fleckfieber, R. = Ruhr, Gen. = Genickstarre, Ven. = Venerische Krankheiten). *) **)

(20.) Pocken, Variola, Variolois; natürliche, modifizierte, blutige Menschenblattern.

---

*) Die Zahl etwaiger Todesfälle an echten Pocken ist durch ein daneben gesetztes P., etwaiger Fleckfiebertodesfälle durch ein F., etwaiger Todesfälle an Ruhr durch ein R., etwaiger Todesfälle an Genickstarre durch Gen., etwaiger Todesfälle an venerischen Krankheiten durch Ven. zu bezeichnen.

**) Etwaige Fälle von: Aktinomykose, Aussatz, asiatischer Cholera, Malaria, Pest, Rückfallfieber, Varizellen sind einzeln anzugeben.

(26.) Fleckfieber, Flecktyphus, Typhus exanthematicus, Typhus petechialis; Ausschlagtyphus.
(47.) Ruhr, übertragbare, Dysenteria, rote, weiße, epidemische, endemische Ruhr; Darmdiphtherie.
(38.) Genickstarre, übertragbare, epidemische Hirnhautentzündung. Meningitis (Arachnitis) cerebrospinalis epidemica. Genickkrampf, Halsstarre.
(49.—51.) Venerische Krankheiten:
(49.) Gonorrhöe.
(49a.) Gonorrhöe, Tripper, Blennorhöe.
Tripper-Folgekrankheiten:
(49b.) Gelenkrheumatismus.
(49c.) Sonstige Folgekrankheiten (gonorrhoische Endokarditis, Epididymitis, Salpingitis usw.).
(50.) Weicher Schanker, Bubo.
(51.) Syphilis, Lues:
(51c.) Tertiäre Syphilis (Gummata, Hautausschläge, Syphylide usw.) Gehirnsyphilis, Knochenaffektionen, syphilitische Exostosen, Tophi.
(51d.) Kongenitale (Hereditäre) Syphilis.
(51e.) Syphilis ohne Bezeichnung der Grade.
(67.) Strahlenpilzkrankheit, Aktinomykosis.
(32.) Lepra; Aussatz.
(45.) Asiatische Cholera, Cholera asiatica s. epidemica.
(48.) Wechselfieber, kaltes Fieber, Febris intermittens; Malaria.
(44.) Pest.
(37.) Rückfallfieber, Febris recurrens, Rückfalltyphus.
(21.) Windpocken, Varicellae.

15. Krankheiten der Atmungsorgane (ausschl. 6, 7, 11, 12, 13, 20).

(143.) Epistaxis, Nasenbluten.
(146.) Erkrankungen der Nasen-Nebenhöhlen (Stirnhöhle, Kieferhöhle, Keilbeinhöhle usw.).
(147.) Schnupfenfieber, Heufieber.
(148.) Nasenleiden ohne nähere Angabe.
(149.) Kehlkopfentzündung, Laryngitis simplex; Pseudokrupp.
(150.) [Oedema glottidis.]
(151.) Stimmritzenkrampf, Glottiskrampf, Laryngospasmus.
(152.) [Kehlkopfverengung, Luftröhren-Verengung.]
(153.) Luftröhrenkatarrh; Entzündung der Luftröhre. Tracheitis.
(154.) Akute Bronchitis, Kapillar-Bronchitis; Bronchiolitis; [Katarrhalfieber]; Bronchialkatarrh ohne nähere Bezeichnung bei jugendlichen Personen.
(155.) Chronischer Bronchialkatarrh, Bronchitis chronica; [Chronischer Katarrh]; Peribronchitis; [Luftröhrenverengung]; Luftröhrenerweiterung, Bronchiektasie; putride,

fibrinöse Bronchitis (nicht diphtherische); Bronchialkatarrh ohne nähere Bezeichnung bei älteren Personen.
(156.) Lungenemphysem, Emphysema pulmonum; Lungenerweiterung; [Lungenblähung, Lungenkrampf, Brustkrampf, Asthma].
(160.) Staubkrankheiten, Pneumonokoniosen, Anthrakose, Siderose usw.
(161.) Lungenkrankheit, Lungenleiden ohne nähere Bezeichnung, Lungenkatarrh.]
(162.) Lungenblutsturz, Hämoptoë, Bluthusten, Blutsturz, Lungenblutung, Lungeninfarkt (ausschl. 11a (31a)).
(163.) Lungenabszeß.
(164.) Lungenbrand, Gangraena pulmonum.
(165.) Lungenlähmung, Paralysis pulmonum; Lungenödem, Oedema pulmonum; Lungenschlag, Apoplexia pulmonum.]
(166.) Brustfellentzündung, Rippenfellentzündung, Pleuritis:
(166a.) Seröse Brustfellentzündung; [Brustwassersucht, Hydrothorax.]
(166b.) Eitrige Brustfellentzündung; Eiterbrust, Empyem, Brustfistel.
(166c.) Brustfellentzündung ohne nähere Angabe.
(167.) [Luftaustritt in die Brustfellhöhle, Pneumothorax.]
(168.) [Bluterguß in die Brustfellhöhle, Hämothorax.]

16. **Krankheiten der Kreislauforgane (Herz usw.).**
(169.) Endokarditis, Herzklappenentzündung.
(170.) Herzbeutelentzündung, Perikarditis.
(171.) [Herzbeutelwassersucht, Hydroperikardium.]
(172.) Herzvergrößerung, Herzhypertrophie; Herzerweiterung.
(173.) Herzklappenfehler.
(174.) Angeborener Herzfehler, angeborene Blausucht, Cyanosis (nach dem 1. Lebensmonat).
(175.) Herzmuskelentartung (Herzmuskelentzündung), Myokarditis.
(176.) Herzverfettung, Fettherz.
(177.) [Zerreißung des Herzens.]
(178.) [Herzschlag, Apoplexia cordis; Herzschwäche, Herzlähmung.]
(179.) Herzkrampf; Angina pectoris.
(181.) [Herzleiden ohne nähere Angabe, Herzasthma.]
(182a.) Aneurysma, Schlagadererweiterung; Aortenerweiterung; Pulsadergeschwulst.
(182b.) [Schlagaderriß, Bersten eines Blutgefäßes.]
(183.) Arterienverstopfung, Embolia.
(184.) Arterienverkalkung; Arteriosklerose, Arterienverhärtung; Gefäßverkalkung, Atheromatose der Arterien (arteriosklerotische Erweichungsherde des Gehirns s. 17b (105)).

(185.) Brand der Alten, Gangraena senilis, arteriosklerotischer Brand.
(186.) Aderbruch; Krampfaderbruch, Varikocele; Krampfadern, Varix, Krampfaderblutung.
(187.) Venenentzündung, Phlebitis, Periphlebitis.
(188.) Blutgefäßverstopfung, Venenverstopfung, Thrombosis; Sinusthrombose.
(189.) Hämorrhoidalknoten, Hämorrhoidalblutungen.
(190.) Drüsenentzündung, Lymphdrüsenentzündung, Adenitis, Lymphadenitis, Drüsenvereiterung, Lymphdrüsenvereiterung, Lymphdrüsenabszeß.

17. a) Gehirnschlag.

(104.) Gehirnschlag, Apoplexis s. Haemorrhagia cerebri, Apoplexia sanguinea, Schlaganfall, Schlagfluß; Gehirnblutung; Bluterguß in die Schädelhöhle, Hemiplegie.

b) Andere Krankheiten des Nervensystems.

(101.) Hirnhautentzündung, Meningitis; Entzündung der harten Hirnhaut, Pachymeningitis; Entzündung der weichen Hirnhaut, Arachnitis.
(102.) Gehirnhöhlenwassersucht, Hydrocephalus internus s. chronicus; Gehirnwassersucht; Wasserkopf.
(103 a.) Gehirnentzündung, akute Encephalitis.
(103 b.) Gehirneiterung, Gehirnabszeß.
(105.) Arteriosklerotische und andere Erweichungsherde des Gehirns, Gehirnlähmung, Paralysis cerebri.
(106.) Kongestionen, Blutandrang nach dem Gehirn, Gehirnödem.
(107.) Gehirnanämie.
(108.) [Gehirnleiden ohne nähere Bezeichnung.]
(109—113.) Geisteskrankheiten:
- (109.) Einfache Seelenstörungen (Manie, Melancholie, halluzinatorische, paranoiische Psychose, Verwirrtheitszustände, Demenz.
- (110.) Progressive Paralyse; Gehirnschwund; Gehirnerweichung.
- (111.) Dementia senilis.
- (112.) Epileptisches und hysterisches Irrsein.
- (113 a.) Idiotie, Imbezillität.
- (113 b.) Kretinismus.

(114.) Rückenmarkentzündung, Myelitis.
(115.) Rückenmarkhautentzündung, Meningitis spinalis.
(116.) [Kompressionsmyelitis, Druckschwund des Rückenmarks durch Geschwülste, Fraktur.]
(117.) Rückenmarksschwindsucht, Tabes dorsalis, Rückenmarksdarre.
(118.) Friedreichsche Krankheit.

(119.) Rückenmarklähmung, Paralysis spinalis, Syringomyelie, Rückenmarkerweichung; Paraplegie ohne nähere Bezeichnung.
(120.) Kinderlähmung (essentielle.)
(121.) Rückenmarkleiden ohne nähere Angabe.
(122.) Progressive Muskelatrophie (spinale, neutrale und myopathische). Duchennesche Krankheit.
(123.) Apoplexia spinalis.
(124.) Multiple Rückenmarksklerose.
(125.) Paralysis agitans, Schüttellähmung.
(126.) Multiple Neuritis.
(129.) Raynaudsche Krankheit, symmetrische Gangrän.
(131.) Fallsucht, Epilepsie.
(133.) Tetanie, Eklampsie und ähnliche Krämpfe, Spasmi et Convulsiones (ausschl. 3b (11), (12), 10b (40), 15 (151), (156), 16 (179), 18b (227), 22 (6)).
(134.) Neurasthenie.
(135.) Hysterie.
(136.) Traumatische Neurosen.
(138.) [Nervenkrankheit ohne nähere Angabe.]
(139.) Basedowsche Krankheit.

18. **a) Magen- und Darmkatarrh, Brechdurchfall.**

(46.) Cholera nostras, einheimischer Brechdurchfall.
(198.) Magenkatarrh, Magenleiden, Dyspepsie, Magenentzündung, Gastritis.
(205a). Darmkatarrh, Darmentzündung, Enteritis; Magendarmkatarrh, Gastroenteritis.
(205c.) Durchfall, Diarrhoea, Sommerdurchfall, Kinderdurchfall, Diarrhoea infantum; Zahnruhr, Zahndurchfall; Verdauungsschwäche der Neugeborenen.
(205d). Brechdurchfall.
(206.) Abzehrung der Kinder, Atrophie der Kinder (ausschl. 11b (31h)).

b) Andere Krankheiten der Verdauungsorgane (ausschl. 11b, 18c und 20).

(191). Mundentzündung, Stomatitis; Mundfäule; Stomatitis ulcerosa (aphthosa s. 22 (62)); Stomakake.
(193.) Erkrankungen der Zunge: Glossitis; phlegmonöse Glossitis. Zungenblutung.
(194.) Halsentzündung; Halsabszeß; Mandelabszeß; Retropharyngealabszeß; Phlegmone colli profunda (Angina Ludovici).
(195.) Krankheiten der Speicheldrüsen (Parotis, Glandula sublingualis); Parotitis; Ohrspeicheldrüsenvereiterung.
(196.) Krankheiten der Speiseröhre: Speiseröhrenentzündung (auch Divertikel).

(197.) Kropf, Struma.
(200.) Magengeschwür, Ulcus ventriculi; Magenerweichung und -Zerreißung, Magendurchbohrung, Magenperforation. [Magenblutung, Blutbrechen, Hämatemesis.]
(201.) Magenfistel.
(202.) [Magenverengerung, Stenosis pylori, Sanduhrmagen.]
(203.) [Magenverhärtung.]
(204.) Magenerweiterung.
(208.) Ulcus duodenale.
(209.) Darmgeschwüre ohne nähere Angabe.
(210.) Darmblutung, Haemorrhagia intestinorum; Meläna.
(212.) Darmverschluß, Ileus; Darmverengerung; Darmerweiterung; Darmverschiebung; innere Einklemmung, Incarceratio interna; Darmeinschiebung, Intussusceptio; Darmachsendrehung, Darmverschlingung, Volvulus; Darmverschließung, Enterostenosis; Koterbrechen, Miserere.
(213.) [Darmzerreißung; Ruptura intestinorum; Darmbohrung, Perforatio intestini.]
(214.) Mastdarmentzündung, Proktitis, Periproktitis.
(217.) Mastdarmverengerung.
(218.) Darmfistel; widernatürlicher After, Anus praeternaturalis.
(219.) Brüche, Unterleibsbrüche, Herniae; Bauchbruch, Nabelbruch, Leistenbruch, Hernia inguinalis; Schenkelbruch, Hernia cruralis; Hernia obturatoria; Netzbruch usw.
(a.) eingeklemmte;
(b.) nicht eingeklemmte;
(c.) ohne nähere Angabe.
(220.) Bauchfellentzündung, Unterleibsentzündung. Peritonitis; Unterleibsabszeß; Bauchhöhlenabszeß.
(221.) Leberentzündung, Hepatitis; Leberabszeß, Leberverschwärung.
(222.) Pylephlebitis und Pfortaderthrombose.
(223.) Akute Leberatrophie.
(224.) Lebercirrhose; chronische Leberatrophie, Atrophia hepatis chronica; Leberschrumpfung.
(225a.) Gelbsucht, Ikterus; Gallenfieber; Choledochus-Verschluß ohne nähere Angabe der Ursache.
(225b.) Gelbsucht der Neugeborenen.
(226.) Leberleiden ohne nähere Bezeichnung.
(227.) Gallensteine, Cholelithiasis; Gallensteinkolik; Cholecystitis acuta.
(228.) Erkrankungen des Pankreas (Bauchspeicheldrüse).
(229.) Milzkrankheiten: Milzvergrößerung, Milzverhärtung, Milzanschwellung, Tumor lienis, Milzentzündung, Splenitis, Milzinfarkt.

c) Blinddarmentzündung, Perityphlitis (Appendicitis).

19. Krankheiten der Harn- und Geschlechtsorgane (ausschl. 3, 11 b, 20 und der venerischen Krankheiten.

(230.) Nierenentzündung, Nephritis; Brightsche Krankheit; Nierenschrumpfung, Nierenatrophie; Granularatrophie.

(232.) Hydronephrose.

(233.) Nierenvereiterung, Nephritis purulenta.

(234.) Steinkrankheit, Lithiasis; Nierensteine; Harnleitersteine; Blasensteine.

(236.) Urämie [Harnvergiftung].

(237.) Blasenkatarrh; Blasenvereiterung; Cystitis; Blasenbrand; Urinverhaltung; Blasenleiden ohne nähere Angabe.

(239.) Sonstige Krankheiten der Harnwege beim männlichen Geschlecht:
(a.) Harninfiltration;
(b.) Harnröhrenverengerung; Harnröhrenabszeß, Harnröhrenfistel.

(243.) Hodenentzündung, Orchitis; Hodenabszeß, Hodenvereiterung.

(247.) Erkrankungen der Prostata, Entzündung, Vereiterung, Vergrößerung.

(250.) Scheidenfistel, Blasenscheidenfistel, Mastdarmscheidenfistel.

(253.) Parametritis.

(255.) Gebärmutterentzündung und sonstige Gebärmutterleiden außerhalb der Geburt und des Wochenbettes; Gebärmuttervereiterung; [Gebärmutterleiden].

(259.) Tubenentzündung, Eileiterentzündung, Salpingitis (nicht gonorrhoisch), Tubenabszeß.

(260.) Eierstockwassersucht, Hydrops ovarii.

(261.) Erkrankungen der Brüste (auch ausschl. 3b (17)).

20. a) Krebs.

(96.) Krebs, Karzinom (Kankroid):
(96a.) der äußeren Bedeckungen (Haut mit Schweißdrüsen und Talgdrüsen, Unterhautzellgewebe). Ulcus rudens;
(96b.) der Verdauungsorgane (Magen, Speiseröhre, Gallenblase usw.);
(96c.) der Atmungsorgane (Lunge, Kehlkopf, Luftröhre usw.);
(96d.) des Harnapparats (Niere, Blase usw.);
(96e.) der Geschlechtsorgane;
(96f.) sonstige Karzinome; allgemeine Karzinose.

b) Andere Neubildungen.

(97.) Sarkom.

(98.) Andere bösartige Neubildungen wie Melanom, Endotheliom, Skirrhus, Myelom, Epulis, Hypernephrom, Mischgeschwülste, Kystoma papillare, malignes Adenomyom, Chorionepitheliom, Blasenmole, Deciduom, Gliosarkom).

(99.) Gutartige Neubildungen:

(99 a.) Fibrom, Lipom, Angiom, Myxom, Atherom (Grützbeutel), Adenom, Warze (Verruca), Molluscum contagiosum; Chondrom, Enchondrom, Osteom, Exostose; Myom; Kystom; Adenomyom, Neurom, Gangliom, Psammom, Gliom usw.; (Lymphome s. 22 (72));

(99 b.) Polypen.

(100.) [Geschwülste, Tumoren ohne nähere Angabe.]

21. Gewaltsamer Tod: *)

a) Selbstmord. **)

b) Mord und Totschlag, sowie Hinrichtung. ***)

c) Verunglückung oder andere gewaltsame Einwirkung. ****)

(90.) Hitzschlag. Sonnenstich (Insolation).

(92.) Organische Gifte:

(92 a.) Fleischgift, Wurstgift, Muschelgift, Fischgift, Käsegift usw.

(92 b.) Schlangenbiß, Insektenstich.

(92 c.) Pilze, Schwämme; Tollkirsche; Mutterkorn (Ergotismus; Kriebelkrankheit); Stechapfel; Schierling; Nikotin, Morphium; Strychnin; Aether; Chloroform; Lachgas; Koffeïn, Atropin, Cocaïn, Nitrobenzol, Anilin, Karbolsäure, Oxalsäure, Cyankali, Blausäure, Jodoform usw.

(93.) Anorganische Gifte:

(93 a.) Akute Vergiftung: Brechweinstein, Säuren (Vitriol),

---

*) Die unter (90) ff. angegebenen Todesursachen sind unter Nr. 21 a oder b oder c einzutragen, je nachdem es sich um Selbstmord, Mord usw. handelt.

**) Einschließlich der Selbstmordversuche, welche nach einiger Zeit den Tod zur Folge hatten. Bei erheblichen Zweifeln, ob Selbstmord vorliegt, ist der Sterbefall den Verunglückungen zuzurechnen.

***) Hinrichtungen sind außerdem in Anmerkung besonders anzugeben.

****) Nicht durch Selbstmord oder Totschlag herbeigeführte gewaltsame Todesarten, z. B. die Todesfälle durch Fall aus der Höhe, durch Ertrinken, Ersticken, Blitzschlag usw. und die durch schwere Verletzungen, Verbrennen, Erfrieren, plötzliche Vergiftung usw. veranlaßten Todesfälle, wenn dieselben auch erst nach einiger Zeit eingetreten waren.

Aetzlauge (Ammoniak), Arsenik, Quecksilber, Sublimat, Phosphor, Bleiessig, Bleizucker usw.

(93 b) Chronische Vergiftung: Bleipräparate, Brom, Chlor, Jod, Phosphor, Quecksilber, Arsenik usw.

(94.) Vergiftungen ohne nähere Angabe.

(95.) Giftige Gase: Kohlendunst, Kohlenoxyd, Rauchvergiftung; Leuchtgas; Schwefelwasserstoffgas, Kloakengase, Grubengase usw.

(317.) Quetschungen und Zerreißungen.

(318.) Knochenbrüche:
(a.) des Schädels;
(b.) des Schulterblatts und Schlüsselbeins;
(c.) der Wirbelsäule;
(d.) der Rippen;
(e.) des Beckens;
(f.) der oberen Gliedmaßen;
(g.) der unteren Gliedmaßen;
(h.) ohne nähere Angabe.

(319.) Verstauchungen.

(320.) Verrenkungen:
(a.) an den oberen Gliedmaßen;
(b.) an den unteren Gliedmaßen;
(c.) sonstige Verrenkungen.

(321.) Wunden:
(a.) durch Hieb, Stich, Schnitt;
(b.) durch Schuß;
(c.) durch Biß (ausschl. 9 (54));
(d.) durch sonstige Ursachen.

(322.) Verbrennung und Verbrühung, Brandwunden.

(323.) Erfrieren.

(324.) Gehirnerschütterung.

(325.) Blitzschlag.

(326.) Elektrischer Strom.

(327.) Ertrinken.

(328.) Erhängen.

(329.) Ersticken.

(330.) Hinrichtung.

(331.) Fremdkörper mit Bezeichnung des Organs.

(332.) [Verletzung ohne nähere Angabe der Art und des Sitzes:
(a.) durch Explosion;
(b.) durch Ueberfahren;
(c.) durch Maschinen;
(d.) durch Sturz, Fall, Schlag; Wurf, Stoß;
(e.) durch Erschütterung;
(f.) (auf sonstige Weise.]

(333.) [Verblutung ohne nähere Angabe.)
(334.) [Operationen ohne nähere Angabe.]

22. Andere benannte Todesursachen.*)

(4.) Nabelentzündung, Omphalitis; Nabelvereiterung, Nabelbrand, Nabeldiphtherie, Nabelgefäßentzündung, Nabelarterienentzündung.
(5.) Nabelblutungen, Haemorrhagia umbilicalis.
(6.) Zahnen, Dentitio; Zahndurchbruch, Zahnkrampf, Zahnfieber.
(35.) Paratyphus.
(36.) Weilsche Krankheit.
(43.) Akuter Gelenkrheumatis, Rheumatismus articulorum acutus; Polyarthritis acuta.
(56.) Blasenwürmer, Cystica: Cysticerkus (Finnen), Echinokokkus.
Insbesondere:
(a) Blasenwürmer des Gehirns.
(b) Blasenwürmer der Leber, des Auges.
(59.) Ankylostoma duodenale.
(60.) Ascaris lumbricoides, Spulwurm; Strongylus duodenalis; Anguillula intestinalis (stercoralis); Trichocephalus dispar.
(62.) Schwämmchen, Aphthae; Soor, Stomatitis aphthosa s. mycotica.
(68.) Blutmangel, Anämie.
(69.) Anaemia perniciosa.
(70.) Weißblütigkeit, Leukämie.
(71.) Pseudoleukämie, Hodgkinsche Krankheit; Anaemia splenica, Bantische Krankheit.
(72.) Lymphom.
(73.) Skorbut, Scharbock.
(74.) Barlowsche Krankheit.
(75) Blutfleckenkrankheit, Werlhoffsche Krankheit; Purpura (haemorrhagica).
(76.) Hämoglobinurie, Schwarzwasserfieber.
(77.) Bluterkrankheit, Hämophilie.
(78.) Englische Krankheit, Rachitis; weicher Hinterkopf, Kraniotabes.

---

*) Hierunter sind alle unter Nr. 1 bis Nr. 21 nicht einzufügende Todesfälle zu zählen, deren Ursache dem eintragenden Beamten (Standesbeamten usw.) angegeben ist.

(79.) Osteomalacia, Knochenerweichung.
(80.) Zuckerkrankheit, Diabetes mellitus, Melliturie, Zuckerruhr, Harnruhr, diabetischer Brand [Diabetes].
(81.) Diabetes insipidus, zuckerlose Harnruhr.
(82.) Gicht, Arthritis urica.
(83.) Bronzekrankheit, Addisonsche Krankheit.
(84.) Fettsucht, Polysarcia.
(87a) Myxödem.
(87b.) Kachexia strumipriva. Kachexia tyreopriva.
(88a.) Brandgeschwür, Ulcus gangraenosum; kalter Brand.
(88b.) Druckbrand, Dekubitus, brandiges Durchliegen.
(88c.) Wasserkrebs, Noma, Cancer aquaticus.
(89a.) Erschöpfung, Entkräftung, Inanitio.
(89b.) Hungertod (nicht gewaltsam).
(91.) Alkoholvergiftung:
(91a.) Akute Alkoholvergiftung.
(91b.) Chronische Alkoholvergiftung; Trunksucht.
(91c.) Delirium tremens; Säuferwahnsinn.
(263.) Ekzem, nässende Flechte.
(267) Pemphigus, Blasenausschlag.
(274.) Furunkulosis, Blutgeschwür, Karbunkel (ausschl. 9 (52)).
(275a.) Zellgewebsentzündung: Phlegmone, Abszeß, Geschwür, Zellgewebsvereiterung, Eitergeschwulst; Lymphgefäßentzündung, Lymphangitis, Zellhautentzündung (ausschl. 10a (39), 10b (41), 18b (194).
(278.) Zellgewebeverhärtung bei Erwachsenen, Sklerema adultorum; Sklerodermia.
(279.) Fußgeschwür, Ulcus cruris.
(280.) Elephantiasis.
(283.) Muskelentartung, Muskelatrophie; Muskelhypertrophie (ausschl. 17b (122)).
(285.) [Knochenverletzung, Knochenbrüche] (sofern durch äußere Einwirkung s. 21 (318)).
(286.) Knochenentzündung, Ostitis, Periostitis (Knochenhautentzündung), Osteomyelitis (Knochenmarkentzündung), Osteomyelitis infectiosa acuta, Knocheneiterung, Knochenfraß, Karies, Knochenbrand, Nekrosis, Becken-, Wirbel-, Senkungs-Abszeß (Tuberkuloser Abszeß s. 11b (31e)).
(288.) Knorpelentzündung, Chondritis, Perichondritis.
(289.) [Gelenkverletzung, Gelenkverrenkung, Luxation; Bluterguß in die Gelenke; Gelenkversteifung, Gelenkkontraktur, Ankylose] (sofern durch äußere Einwirkung s. 21 (320)).

(290.) Gelenkentzündung, Gliedwasser, Hydrarthros; Gelenkeiterung, Pyarthros (ausschl. 11 b, 31 e)).

(291.) Chronischer Gelenkrheumatismus.

(292.) Arthritis deformans, deformierende Gelenkentzündung.

(296.) Erkrankungen des Trommelfells und mittleren Ohres: Erkrankung des Trommelfells, Myringitis, Entzündung der Paukenhöhle, Otitis media, Otorrhoea, Ohrenlaufen, Entzündung, Vereiterung des Warzenfortsatzes, Cholesteatom, Ohrenentzündung ohne nähere Angabe, Sklerose der Paukenschleimhaut.

(297.) Erkrankungen des inneren Ohres: Hyperämie; Anämie; Entzündung, Otitis interna, Labyrinthblutung, Menièresche Krankheit.

(299.) Ohrenleiden ohne nähere Angabe.

(316.) Augenleiden ohne nähere Angabe.

(335.) Andere sowie nicht angegebene und unbekannte Krankheiten. (Besonders aufzuführen z. B. Beriberi, Gelbfieber, Wassersucht, Unterleibsleiden usw.).

23 Todesursache nicht angegeben.*)

---

*) Nur diejenigen Todesfälle, deren Ursache nicht bescheinigt ist oder vom Anmeldenden nicht bezeichnet werden kann, sind in diese Spalte aufzunehmen.

Zu Ziff. 3 (S. 109). Entschließung des Staatsministeriums des Innern vom 24. Juni 1922, Nr. 5205 a 1, Todesursachenstatistik betreffend (StA. Nr. 146).

Nach den von den Ärzten erstellten Unterlagen für die Todesursachenstatistik hat es den Anschein, als ob manche Ärzte und Anstalten bei Ziffer 3a — Kindbettfieber — nur die Fälle nach Schwangerschaft von regelrechter Dauer oder nach vorgeschrittener Schwangerschaft einreihen, die septischen Aborte aber bei Ziffer 3b — andere Folgen der Geburt (Fehlgeburt) und des Kindbettes — oder einer anderen Ziffer des kurzen Todesursachenverzeichnisses zählen. Dieses Verfahren hat eine fehlerhafte Aufbereitung des statistischen Materials zur Folge und macht die statistische Erfassung der septischen Aborte unmöglich.

Nach dem vom Reichsgesundheitsamt im Jahre 1905 aufgestellten „Ausführlichen Verzeichnis von Krankheiten und Todesursachen nebst der alphabetischen Liste", das nach der Ministerialentschließung vom 2. März 1905 Nr. 4304 für die Einreihung der Todesursachen maßgebend ist, sind die septischen Aborte bei Ziff. 3a — Kindbettfieber — einzureihen.

Die Bezirksverwaltungsbehörden werden beauftragt, im Benehmen mit den Bezirksärzten die Ärzte und Anstalten zu ersuchen, die septischen Aborte künftig ausschließlich bei Ziff. 3a — Kindbettfieber — des kurzen Todesursachenverzeichnisses unter ausdrücklicher Hervorhebung dieser Fälle aufzuführen.

Alphabetisches Sachregister.

(Die Zahlen bedeuten die Seiten.)

Anm. = Anmerkung.
ff. = folgende.

A.

B.

H.

J.

K.

L.

M.

N.

O.

P.

Q.

R.

S.

T.

U.

V.

W.

Z.

FSC
www.fsc.org
MIX
Papier | Fördert gute Waldnutzung
FSC® C083411

Kolibri 360 GmbH
Ferdinand-Jühlke-Straße 7
99095 Erfurt, Deutschland
produktsicherheit@kolibri360.de